대한민국
부동산,

성공투자
지침서!

대한민국 부동산, 성공투자 지침서!

초판 1쇄 발행 2021년 7월 27일

지은이 네이마리(백희진)
펴낸이 장현수
펴낸곳 메이킹북스
출판등록 제 2019-000010호

디자인 장지연
편집 안영인, 장지연
교정 안지은
마케팅 송유리

주소 서울특별시 금천구 가산디지털1로 142, 312호
전화 02-2135-5086
팩스 02-2135-5087
이메일 making_books@naver.com
홈페이지 www.makingbooks.co.kr

ISBN 979-11-91472-92-9(03320)
값 18,000원

ⓒ 네이마리(백희진) 2021 Printed in Korea

잘못된 책은 구입하신 곳에서 바꾸어 드립니다.
이 책의 전부 또는 일부 내용을 재사용하려면 사전에 저작권자와 펴낸곳의 동의를 받아야 합니다.

메이킹북스는 저자님의 소중한 투고 원고를 기다립니다.
출간에 대한 관심이 있으신 분은 making_books@naver.com로 보내 주세요.

네이마리(백희진) 지음

★★★★★
무주택자부터 다주택자까지
모두에게 꼭 필요한
**부동산 투자
필독서**

대한민국 부동산, 성공투자 지침서!

네이버 **부동산 전문** 인플루언서
네이마리의 돈 되는
부동산 **투자전략**

메이킹북스

차 례

| 들어가며 | 주택, 묻고 더블로 가! | 6 |

A. 대한민국 부동산, 왜 '주택'인가?

01.	떨어지는 미분양 주택 수	15
02.	주택 공급량, 넘친 적이 있었나?	29
03.	돈이 되는 주택, 돈을 버는 주택	43
04.	유동성 지표로 보는 부동산 전망	55
05.	왜 부동산, 주택에 투자해야 하는가	67

B. 주택의 종류 총망라

06.	공동주택 (1) - 아파트, 연립주택	83
07.	공동주택 (2) - 다세대주택, 기숙사	95
08.	단독주택 (1) - 단독주택, 다중주택	102
09.	단독주택 (2) - 다가구, 공관	112

C. 그렇다면 어디서 살아야 하나?

10. 전통과 역사의 '역세권' — 125
11. 직주근접의 실현 '일자리' — 140
12. 식지 않는 교육열 '학원가' — 149
13. 전후좌우, 택지를 고려하라 — 168
14. 아는 것이 힘이요 돈, '호재 파악' — 181
15. 입장과 퇴장을 함께 생각하라, '환금성' — 196

D. 규제와의 한판! 주택 투자의 전장으로

16. '영끌'이란 꼭 나쁜 걸까? — 209
17. 부동산 정책, 지난 10년을 알아야 앞으로 10년이 보인다 — 221
18. 투자란 없다? No, 안주란 없다! — 233
19. 시작이 초라하다고 결말이 초라한가 — 246

나가며 수익은 노력으로 만들어진다 — 262

들어가며

주택, 묻고 더블로 가!

    미세 먼지 없는 맑은 날, 뒷산에 올라 시내를 내려다본다. 산 아래로 빼곡하게 들어선 아파트 단지와 공사 중인 주택들이 보인다. 수도권의 집은 최근 몇 년간 꾸준히 늘어났다. 그런데 그만큼 수도권으로 오는 사람도 많은 것일까? 왜 저 많은 집들 중 내 집은 한 채도 없고, 부동산 발품을 아무리 팔아도 합리적인 가격대의 매물은 씨가 말랐을까?

    착잡한 마음으로 산을 내려와 포털 사이트 앱에 접속한다. 정부가 또 한 번 신도시 계획을 발표했다는 소식이 들려온다. 그래, 앞으로 조금만 더 있으면 나도 내 집을 가질 수 있을 것이다. 집은 늘어나고 인구는 줄고 있으니까. 그러니까 지금 거품이 잔뜩 낀 가격으로 서울에 집을 사는 건 바보짓이다. 앞으로 몇 년만 더 전세 재계약을 할 수 있으면 된다. 분명, 아니 아마도…….

    최근 정부가 광명과 시흥을 3기 신도시로 선정했다. 이에 따라 해당 지역에 7만 가구가 살 수 있는 주택이 순차적으로 공급될 예정이라 기대 심리도 한껏 올라간 상황이다. 이처럼 2.4 부동산 대책 후속 조치로 정부가 지속적인 주택 공급 시그널을 주고 있다. 현 정권의 부동산 물량 공세는 이번이 처음이 아니다. 2018년부터 2021년 지금까지 수도권에만 총 188.8만 호 공급이 확정되었다. 우리가 흔히 사용하는 '천만 서울 시민'이라는 슬로건을 떠올려보면 앞으로 예정된 부동산 공급이 결코 적은 수치가 아니라는 사실을 알 수 있다.

자, 이쯤에서 우리가 교과서에서 배운 경제 이론을 꺼내 보자. 수요와 공급은 가격을 결정하는 데 중요한 역할을 한다. 알다시피 수요, 즉 어떤 물건이나 서비스를 돈을 주고 사고자 하는 욕구는 높은데 공급, 실제로 시장에 있는 상품이 적다면 가격은 자연스럽게 올라가게 된다. 반대로 수요는 낮은데 공급이 남아돈다면 가격은 떨어진다. 이것이 경제학에서 말하는 수요와 공급의 법칙이다.

이를 부동산 시장에 적용해보자. 앞으로 정부가 꾸준히 주택 물량을 늘려간다면 공급이 많아지게 된다. '내 집 마련'을 하고자 하는 수요가 비슷하게 유지될 때 위의 이론에 따르면 주택 가격은 떨어지게 될 것이다. 월급만으로는 수도권에 집을 사기가 어려워진 이 시대가 이제 드디어 막을 내리는 걸까? '서울 부동산 거품론'을 철석같이 믿으며 이때까지 집을 사지 않고 월세와 전세로 버텨온 사람들의 굳은 신념이 드디어 보상을 받게 되는 걸까?

그런데 잠깐, 지금 이 흐름이 어쩐지 익숙하다는 느낌을 지울 수 없다. 곰곰이 지나온 세월을 되짚어본다. 2006년 부동산 가격이 한창 상승세를 타고 있을 때 많은 사람들이 말했다. '당분간 절대로 집을 사서는 안 된다!', '부동산 버블, 심각하다!'. 2019년 주택 보급률이 104.8%라는 기사에서도 많은 사람들이 입을 모았다. '주택 가격, 이제 떨어질 일만 남았다!', '인구도 줄고 있으니 주택 수요는 줄어들게 되어 있다!'.

그리고 2021년 현재.
우리는 결과를 알고 있다. 2006년에도, 그리고 2019년에도 부동산 가격은 떨어지지 않았다. 서울 부동산 거품론의 신자들은 그때도, 그리고 지금도 때를 기다리고 있다.

왜 이런 일이 벌어지는 것일까?
우리가 사는 세상은 수학 공식처럼 완벽하게 딱 떨어지지 않는다. 수치가 현실을 어느 정도 반영하는 것은 사실이지만, 현실을 완전하게 말해주지는 못한다. 전문가들이 머리를 싸매고 최선의 정책을 내놓아도 예측할 수 없는 일이 생기는 이유다. 위에서 언급한 주택 보급률을 잠시 살펴보자. 104.8%라는 수치 자체가 거짓은 아니지만 현실이라고 보기에는 어려움이 있다. 여기서 말하는 '주택'에 포함되는 곳은 주소가 있는 장소, 즉 비닐하우스부터 천막, 초가집, 폐가까지 모두 들어간 결과이기 때문이다. 그러니 결국 집과 같은 구조물은 있을지언정 내가 살 집, 혹은 살고자 하는 집은 없을 수밖에 없다.

게다가 3기 신도시가 형성된다고 해도 그에 따른 영향력이 언제 미칠지도 알 수 없다. 앞선 2기 신도시 건설을 조금 더 자세히 살펴보자. 지금으로부터 무려 18년 전인 2003년, 집값이 급등하자 당시 이를 잠재우기 위해 정부가 내놓은 것이 바로 2기 신도시였다. 이때 결정된 계획을 이명박 정부가 이어받아 본격적으로 추진한 것이다. 그로부터 상당한 시간이 흐른 후인 2021년 현재에도 2기 신도시의 일환인 검단에 분양이 예정되어 있다.

이처럼 2기 신도시는 아직도 현재 진행형이다. 올해 안에 분양이 끝난다고 해도 실제 입주까지는 또 몇 년이 걸린다. 또한 집값을 안정화시킬 것으로 기대하던 2기 신도시의 도시 중 아산 신도시(탕정)와 대전 도안 신도시, 인천 검단 신도시와 같은 곳들의 가격은 떨어질 기미를 보이지 않고 있다. 대전 도안 신도시 9블럭에 위치한 트리플시티 9단지 38평의 경우 현재 12억가량의 매우 높은 시세를 형성하고 있다.

이와 같은 흐름에 힘입어 2기 신도시 주변으로 신축 건물이 대거 지어지며 시세 분출, 부동산 투자의 또 다른 뇌관이 되었다. 결과적으로 탕정이 아산을, 도안이 대전을, 검단이 인천을 다시 한 번 끌어올린 셈이 되었다. 집값을 안정화시키기 위한 부동산 정책이 시세 분출의 뇌관 역할을 톡톡히 한 것이다.

이러한 선례로 미루어볼 때 3기 신도시 역시 언제 집값 안정화라는 본연의 목적을 완수할지 알 수 없으며, 오히려 신도시 자체가 또 하나의 부동산 호재가 될 가능성까지도 배제할 수 없다. 수도권 위주의 신도시-베드타운 형성이 서울 내 부동산에 미치는 영향 자체가 미미하다는 한계도 있다. 내 집 마련, 혹은 부동산 투자. 지금이 적기라고 말하는 이유가 바로 이것이다.

어떤 이들은 신도시 투자를 두고 '장화 신고 들어가 구두 신고 나온다'는 비유를 하기도 한다. 시작은 미약할지언정 그 끝은 창대할 수 있다는 의미다. 직감이 아닌 철저한 데이터 분석을 바탕으로 앞으로의 투자 계획을 세우는 발 빠른 투자자들은 이미 3기 신도시를 중심으로 몰려들고 있다. 이제까지의 경험을 통해 3기 신도시가 부동산 투자의 새로운 뇌관이 될 것이라 믿기 때문이다. 장화를 신고 진주를 찾아 뻘로 들어갈 것인가, 맨발이 아님에 감사하며 서 있을 것인가. 선택은 당신의 몫이다.

3기 신도시가 고질적인 수도권 부동산 문제의 해결책이 될 수 있다고 믿는 사람들에게 나는 이렇게 말하고 싶다.
"묻고 더블로 가!"
이번은 다를 수 있지 않냐고? 물론 그럴 수 있다.
아직까지 전례가 없을 뿐.

A.
대한민국 부동산, 왜 '주택'인가?

01. 떨어지는 미분양 주택 수
02. 주택 공급량, 넘친 적이 있었나?
03. 돈이 되는 주택, 돈을 버는 주택
04. 유동성 지표로 보는 부동산 전망
05. 왜 부동산, 주택에 투자해야 하는가

A.
대한민국 부동산, 왜 '주택'인가?

최근 몇 년 사이 가상화폐 가격이 급등하면서 해당 분야가 새로운 자산 투자처로 떠오르고 있다. 일각에서는 가상화폐가 전통적 의미의 자산을 상당 부분 대체할 것이라는 전망도 나온다. 그들의 말대로 이제 부동산의 시대는 막을 내리고 있는 것일까?

전혀 그렇지 않다. 애초에 2030세대가 가상화폐 시장에 뛰어든 것은 내 집 마련의 꿈을 이루기 위해서라는 평가가 많다. 실제 가상화폐로 이득을 본 이들이 향하는 곳은 돌고 돌아 다시 부동산이다. 결국 임금 소득만으로 수도권 부동산을 가지는 일이 한계에 봉착하자 새로운 돌파구로서 가상화폐 시장이 활성화된 것으로 볼 수 있다.

이처럼 아무리 시대가 변했다 해도 여전히 많은 사람들이 자가로 집 한 채 마련하는 것을 꿈꾼다. 이번 장에서는 '부동산으로 재미를 볼 수 있는 시대는 끝났다'는 말에도 불구하고 왜 여전히 대한민국 부동산, 대한민국 주택 시장인지, 냉철한 현실 분석을 토대로 살펴보고자 한다. 공실, 미분양에 대한 막연한 두려움으로 투자를 망설이는 이들에게 시의적절한 조언이 되기를 바란다.

01.
떨어지는 미분양 주택 수

1) 부동산 구입의 목적

사람들은 왜 집을 사고 싶어 할까? 최근 TV에 자주 나오는 존 리(John Lee)라는 주식 전문가가 있다. 그는 "집은 월세로 살며, 자가용 대신 대중교통을 타고 다니며 그 외 자산은 주식에 투자해야 한다"고 설파한다. 그리고 부동산은 너무나 위험한 자산이라고 목청 높여 말한다.

그는 지난 20년간의 주식과 부동산의 상승률을 예로 들며 우리를 설득한다.[1] 아래 표는 2020~2021년 주식과 주택의 자산 상승률을 비교한 표다. 2020년은 유례없는 주식 시장의 확대를 이뤘다.

---

1) 지호일 기자, '한국 주식·집값 상승률 주요국 중 1위… "경제 위협 요인"', 국민일보, 2021.03.21

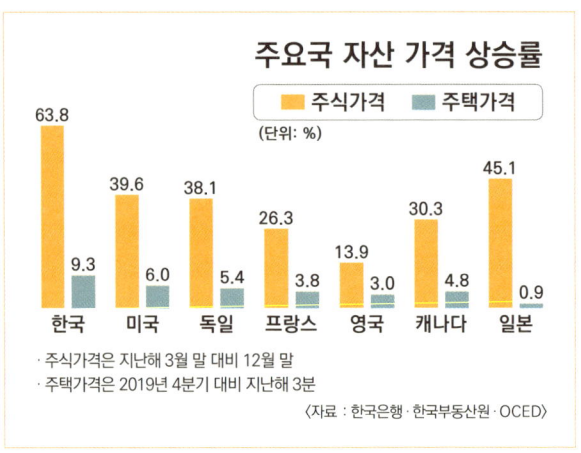

그 때문에 부동산과 비교하면 훨씬 높은 상승률을 보였고, 많은 이들에게 이득을 안겨줬다. 이런 그래프를 보면 앞으로의 투자 수단은 주식인가 하고 의문을 품게 된다.

하지만 다음의 표를 보면 사람들이 부동산을 선호하는 이유가 명확하게 드러난다. 코스피와 주택 가격의 그래프는 비슷한 흐름을 보이며 우상향을 그리고 있으나 그 움직임은 사뭇 다르다. 코스피는 횟수를 헤아릴 수 없는 등락을 반복하는 과정 끝에 지금의 수준을 유지했지만, 주택은 그보다 훨씬 적은 움직임을 보인다.[2]

---

2) 출처 : 직방, 자료: KB부동산

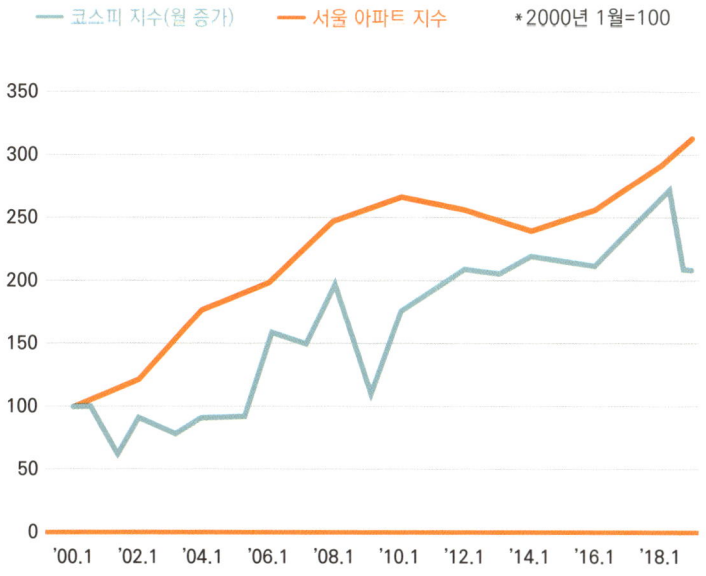

만약 내가 주식 투자자라고 가정해보자. 우리는 과연 어떤 상황에도 흔들림 없이 주식을 가지고 있었을까? 2000년, 2002년, 2008년, 2018년의 경우 주택 가격과 비교해 주가가 큰 폭으로 하락했다. 이때 '부동산에 투자했었어야 했는데'라며 후회하지 않을 사람이 몇이나 될까? 대부분은 이런 생각에 울며 겨자 먹기로 손절했을 것이다. 더군다나 비슷한 시기 부동산 가격은 꾸준하게 상승해왔다. 2010년 이후 하락하긴 했지만, 급격하지 않았다.

주식은 이런 변동성으로 인해 안정을 원하는 사람들에겐 리스크가 높은 투자 방식일 수밖에 없다. 그러나 주택의 경우 초기 투자금이 큰 데 반해 주식보다 대출이 쉽고, 생기는 이익 대비 실질 투자금이 적어 만족도가 훨씬 높다. 또한 주택은 실거주도 가능하기에 더욱 가성비가 좋다고 여겨진다. 실현하는 이익의 크기도 크다. 그러므로 내가 투자에 사용하는 시간은 줄이고, 최대한의 심리적 만족감까지 달성하고자 한다면 주택 투자는 결코 손해 보는 선택이 아니다.

하지만, 중요한 점은 부동산이라고 무조건 오르는 것이 아니라는 것이다. 우리가 필요로 하는 부동산, 집은 '싸게 사서 비싸게 판다'는 소기의 목적을 달성할 수 있어야 한다. 실거주 목적의 집이라고 해도 이런 조건을 충족시켜야만 비로소 좋은 투자라 할 수 있다.

'미분양 주택'은 이런 조건에 알맞은 선택이다. 미분양 주택은 건설업체가 입주자를 모집했으나 일정 내 계약이 이뤄지지 않아 선착순으로 판매하는 것을 말한다. 이는 주택의 공급과 수요의 불일치에 따라서 발생하는 현상이다. 미분양 주택은 일반적으로 분양 과정 이후 발생하는 미분양 주택이 있으며, 완공 후까지도 분양되지 않는 완공 후 미분양 주택이 있다. 왜 미분양 주택을 사야 하는가에 대해서는 앞으로 차근차근 설명해 나가겠다.

2) 역사는 반복된다

그래프를 보자. 이 그래프는 20년 간 수도권과 지방의 미분양 주택 수를 나타낸 그래프다. 수도권과 지방은 그래프의 형태는 비슷하나 물량에서 많은 차이를 보인다. 서울의 미분양 주택은 최대 4만 가구를 넘지 않았으나 지방은 최대 14만 가구 가까이 미분양되며 구매자들의 수요가 어디에 있는지 한눈에 드러낸다.

시기를 살펴보면 미분양이 눈에 띄게 증가한 시기는 2007년이다. 이때 치솟는 집값을 잡기 위해 '분양가 상한제'가 본격적으로 실시된 바 있다. '분양가 상한제'란 아파트 분양 시 정부에서 제시한 기준에 의해 분양가의 상한액을 정한 뒤 그 금액 이하로만 팔 수 있게 만든 규제다. 2005년 공공택지에만 적용했던 것을 민간주택의 분양가 상승을 저지하기 위해 2007년 민간택지까지 확대 적용하기에 이르렀다. 그리고 여기에 지나치게 상승했던 분양가에 대한 반감과 예측하지 못했던 시장의 과잉 물량 공급이 더해져 급속하게 부동산 시장이 얼어붙게 됐다. 이로 인해 지방은 약 14만 가구 가까이 미분양 주택이 발생했다.

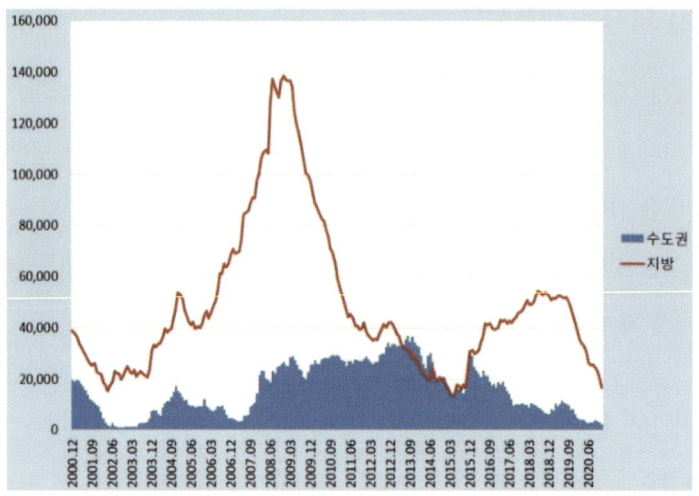

출처 : 유나바머

　더욱이 2008년 서브프라임 모기지 사태로 시작한 글로벌 경제 위기가 결국 미국의 투자 회사 리먼브라더스 파산이라는 결말을 맞이하며 부동산 시장뿐만 아니라 전 세계 경제가 타격을 입게 됐다. 한국 역시 모든 투자 심리가 사라지며 미분양 주택의 수는 더욱 늘어나고 말았다.

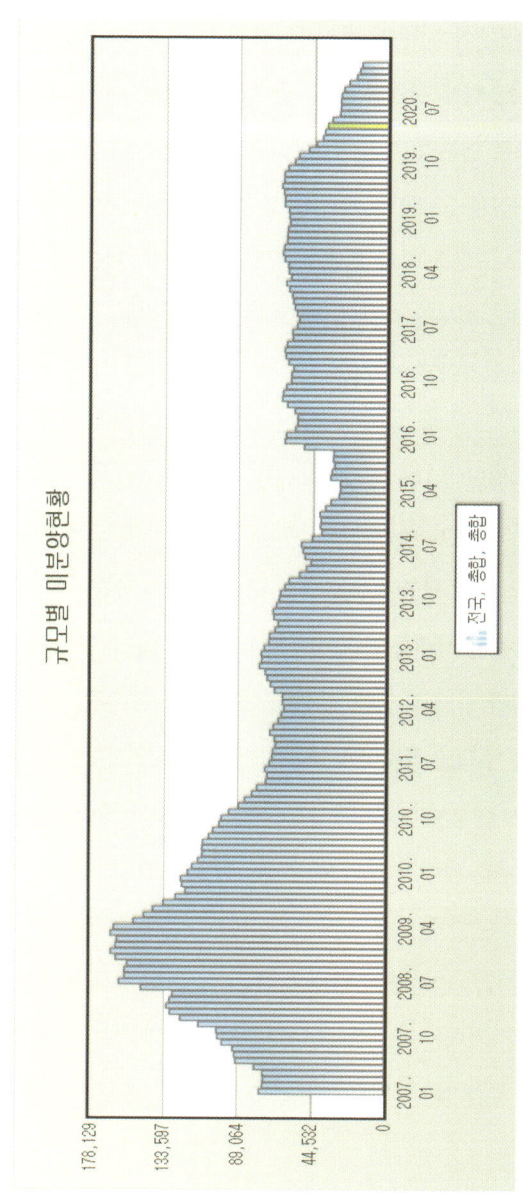

출처 : KOSIS 국가통계포털 규모별 미분양 현황

2009년 정부가 사태를 해결하고자 양도세 한시 면제를 시작으로 분양 승인 취소, 업계 활성화 주도 등 경기 회복에 대한 기대감을 조성하여 일시적으로 미분양 주택이 감소하기도 했다. 이후 3년간 소강 상태를 유지하던 시장은 2012년 박근혜 정권에 들어서면서 부동산 대출이 완화되고 각종 규제가 폐지 되면서 활력을 찾는다. 덕분에 수도권과 지방 모두 밀려있던 미분양 주택을 해소하며 부담을 덜고, 청라와 동탄, 김포 등지의 아파트 분양도 재개됐다.

그리고 격동의 2015년. 가계 대출 증가에 대한 우려와 부동산 시장 과열에 대한 지적이 계속되며 정부는 가계 대출에 급제동을 걸게 된다. 이로 인해 감소 추세였던 미분양 주택도 약간의 증감을 반복하며 2019년도까지 비슷한 상태를 유지한다. 2020년부터는 다양한 부동산 정책이 시행됨에 따라 규제로 인해 시장 물량이 점차 부족해지고, 그간 정체되었던 미분양 주택도 급격하게 소진되어 현재는 조사(2000년) 이래 역대 최저치(2021년 3월 기준 15,270호)를 기록하고 있다. 이는 서울, 수도권, 지방 모두를 가리지 않고 일어나는 공통된 현상이다.

반대로 말하면 미분양 주택을 통한 투자 기회가 점차 줄고 있다는 뜻이기도 하다. 기회는 우리를 기다려주지 않는다. 하루라도 빨리 투자에 진입해야 승부를 볼 수 있다.

3) 왜 미분양 주택인가

미분양 주택은 앞에서도 설명했듯이 수요 대비 공급이 많아 생기는 현상이다. 주택이 분양되지 않는다는 것은 매수자에게 매력적인 부분이 없다는 뜻과도 같다. 주택을 구매할 때는 다양한 조건을 고려하지만, 미분양 주택은 그 조건 자체에 미달되는 경우도 많다. 교통이 불편하거나, 학군이 부족하거나, 상업 시설이 발달하지 못했거나 등의 이유를 대표적으로 꼽을 수 있다.

이러한 매물들이 점차 쌓이기 시작하면 비단 하나의 단지나 주택에 국한하지 않고, 해당 지역 자체의 단점이라는 인상까지 주게 된다. 이런 현상은 수도권 외곽 지역, 지방 등에서 잘 드러난다.

최근까지 미분양으로 고생했던 검단 신도시로 예를 들어 설명해보겠다. 검단 신도시는 LH가 주도해서 개발한 2기 신도시로, 인천의 낙후한 서구 지역을 검단 1신도시와 검단 2신도시로 개발할 계획이었으나 결국 1기만 개발되고, 2기는 철회됐다.

처음 2018년도 분양을 시작할 때는 많은 이들의 관심을 받았으나 곧 공공택지 분양권 전매 제한이 시행되면서 분위기 반전이 일어났다. 전매 제한 기간이 1년에서 3년으로 증가했기 때문이다. 여기에 비슷한 시기 송도 신도시에 물량이 대량으로 공급되면서 투자 가치가 높은 송도로 많은 이들이 옮겨간 것도 한몫했다.

이외에도 교통의 발달이 필요한 주변 여건도 무시할 수 없었다. 본래 서구는 인천에서도 교통이 낙후되어 개발의 필요성이 꾸준히 제기됐던 곳이다. 서울과 바로 연결된 지하철이 없고, 도심을 오가는 광역 버스는 출퇴근 시간에 만차와 교통 체증이 심각했다.

심지어 3기 신도시 개발이 발표되면서 악재가 쌓여갔다. 2019년에는 이에 대한 심각성을 깨달은 정부에서 미분양 관리 지역으로 지정해 관리했지만 역부족이었다. 결국 2020년 초까지 미분양 주택 물량이 해소되지 못한 채 시간만 흘러가게 되었다.

하지만 반전이 일어났다. 2020년 4월 이후 정부의 부동산 정책 발표와 교통망 연장 계획이 있었기 때문이다. 수도권은 전세와 매매 모두 품귀 현상이 빚어지면서 김포 인천 다산 등 주변으로 눈을 돌렸고, 비교적 물량이 넉넉했던 검단까지 사람들이 몰려왔다. 이제 검단 미분양 주택은 옛말이 됐다.

여기에 사람들의 구미를 당길 인천 1호선 검단 연장이 2024년 개통을 목표로 추진 중이다. 공사가 완료되면 서울까지 한 시간 진입도 꿈이 아니게 됐다. 5호선 방화역에서 연장되는 한강선, 인천 2호선 검단 연장선도 함께 추진되고 있다. 도로망도 서울외곽순환도로, 인천국제공항도로가 이어지면서 훨씬 편리해졌으며, 역세권 개발 사업도 활발히 진행되고 있다.

검단 지구를 2018년에 분양받았다면 누군가는 제정신이냐고 말할 것이다. 하지만, 이런 대규모 신도시는 언제까지고 미분양 상태로 있지 않는다는 것이 앞선 그래프를 통해서 증명됐다. 시간이 지나면 인프라는 마련되고, 서울에서 밀려온 이들이 찾아온다. 언젠가는 단점이 해소되는 시기가 온다.

보는 눈이 있다면 미분양 시기에 저렴한 분양권을 매수해 안전 마진을 챙기는 방식을 택해야 한다. 이는 선진입 투자라고 하는데 주택에 대한 믿음이 있다면 누구나 할 수 있는 투자다.

언젠가는 실수요자들도 미분양 주택을 매수하는데, 돌고 돌아 결국 올라가는 것이 주택 값이니 당시 샀던 사람 중 어부지리로 이득을 본 이들도 많다. 우리도 이러한 전략을 선택할 필요가 있다.

4) 미분양 주택 투자 서두르자

미분양 주택 수는 부동산 시장의 분위기를 잘 보여주는 지표다. 미분양 주택 수가 적어질수록 그만큼 상승세를 타고 있다는 것이다. 지금 시장이 딱 그러하다. 최근 전국의 미분양 주택 수가 2002년 4월과 5월에 기록했던 각각 17,324호, 18,756호에 이어 2021년 3월 말 15,270호까지 떨어졌다. 이는 전월과 비교해 3.3% 떨어진 수치로 현재 주택 물량이 얼마나 부족한지를 단적으로 드러낸다.

정부는 이런 시장 분위기를 개선하고자 각종 공급 대책을 발표했지만 이것은 예측만큼 큰 효력을 보이지는 않을 것이다. 그 때문에 당분간 미분양 주택은 점차 줄어갈 것이며, 부동산 가격도 상승세를 보일 가능성이 높다. 왜냐하면 앞에서 설명한 검단 신도시가 발표에서부터 입주까지 18년 가까이 걸렸기 때문이다.

그리고 얼마 지나지 않아 물량 부족과 신도시 사업의 한계에 대해 정부도 인식한 듯, 조기 분양을 실시한다는 발표가 있었다. 국토부 발표에서는 "미리 토지 수용을 마친 3기 신도시 지구에만 사전 청약제를 도입한다"며 "이 경우 1~2년 후 바로 본청약을 진행할 수 있다"고 설명했다.

발표대로 진행된다면 좋겠지만, 언제나 일은 뚜껑을 열어 봐야 아는 법이다. 당장 올해 사전 청약을 앞두고 있는데 토지 수용 단계부터 삐걱거린다는 소문도 있고, 정책이 기대만큼 시장에서 작용할지는 미지수이다. 따라서 정책 하나로 주택 공급이 수월해질 것이라고 낙관해선 안 된다.

[2021년 3월 미분양 주택 현황(15,270호)]

서울
- 전월 대비 미분양 주택: 6.8% ↓ 88호 → 82호
- 준공 후 미분양 주택: 6.9% ↓ 87호 → 81호

수도권
- 전월 대비 미분양 주택: 4.7% ↓ 1,509호 → 1,438호
- 준공 후 미분양 주택: 8.9% ↓ 946호 → 862호

지방
- 전월 대비 미분양 주택: 3.1% ↓ 14,189호 → 13,750호
- 준공 후 미분양 주택: 7.4% ↓ 9,745호 → 9,022호

그렇다면 지금 남아있는 미분양 주택과 거래 상황에 대해 알아보자.

이제 매수자들은 수도권뿐만 아니라 지방의 매물까지도 적극적으로 구매하고 있다. 물량이 원활하게 공급되는 지역 중에는 지방도 많다는 점을 염두에 두자. 서울은 매물 자체가 희귀해질 정도로 시장이 포화 상태기 때문이다. 정부가 지속해서 지방 균형 발전을 지향하고 있으므로 지역만 잘 정한다면 지방 미분양 주택도 좋은 성과를 기대할 수 있는 상황이다.

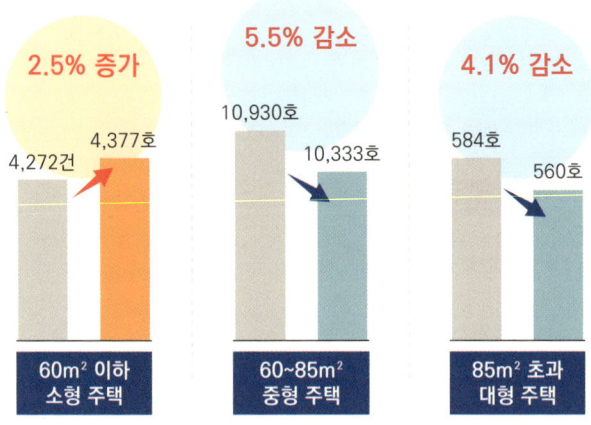

출처 : 국토부 블로그

    대체로 소형 주택보다 중형, 대형 주택에 대한 선호가 높다. 과거에는 중소형 아파트가 인기가 많았으나 코로나19 이후 재택근무와 온라인 수업 등의 이유로 집에서 머무는 시간이 늘었다. 그러면서 전과 달리 중대형 아파트가 다시금 인기를 얻고 있다. 또한 다주택자 규제로 인해 세금과 활용 면에서 유리한 '똘똘한 큰 집 한 채'에 대한 선호가 꾸준히 늘고 있어 점차 소형보다 중대형에 관심이 쏠리고 있다.

    이런 통계로만 봐도 지금의 부동산 시장이 얼마나 '불장'인지 체감할 수 있다. 많은 지표가 지금 기회를 잡는다면 반드시 좋은 성과를 내리라는 신호를 보내고 있다. 더불어 꾸준하게 바뀌는 트렌드를 놓치지 않고 시장의 흐름을 지켜본다면 기회는 반드시 찾아올 것이다.

02.
주택 공급량, 넘친 적이 있었나?

1) 부동산, 주식, 코인의 공통점?

세 영역에는 공통점이 하나 있다. 바로 '한 번도 안 한 사람은 있어도 한 번만 한 사람은 없다는 사실'이다. 예적금 금리가 절망적인 우리 사회에서 가장 빠르게 수익을 낼 수 있는 통로다. 그러다 보니 일단 수익률을 경험한 사람들은 이 영역에 더욱 공을 들일 수밖에 없다. High Return에는 High Risk가 따르기 마련이다. 주식과 코인 모두 투자와 투기의 특성을 함께 지녔고, 따라서 '무조건 안정적'이라 말하진 못한다. 하지만 부동산은 조금 다르다. 토지와 건물은 아주 오래 전부터 부의 증식 수단으로 사용돼 왔다.

특히 한국 사회에선 더 그렇다. 인구 밀도가 높은 지역을 중심으로 부동산에 대한 수요는 끊이질 않는다. 수년 동안 부동산 시장은 거품이라는 지적이 있었지만 지금 당장의 현실을 봐야 한다. 결국 [부동산을 가진자=부자] 공식은 한 번도 비껴간 적이 없다. 매년 하루가 다르게 가치&가격이 올라가는 부동산 매물들만 봐도 알 수 있다. 상승과 하락을 예측할 수 없는 주식이나 코인과 달리, 부동산은 일단 한 번 사놓으면 아무리 소폭이라도 가격이 오르는 자산이 된다.

오죽하면 "부동산은 무조건 오늘이 최저가"라는 말까지 있을 정도다. 오늘 사지 않으면 내일은 더 비싸지게 된다. 투자할까 말까 망설였다간 가장 저렴한 가격의 부동산을 놓치게 된다. 그중에서도 큰 부자가 아닌 보통 사람들이 가장 빨리 접근 가능한 게 바로 주택이다. 부동산 투자를 시작하는 사람이라면 꼭 가져야 할 마음가짐이 있다. 바로 '주택 투자를 두려워하지 말 것'이다. 여전히 우리 주변에는 신규 주택 투자자를 견제하는 정보들이 많다. 이제부터 투자를 말리는 정보들에 대해 요목조목 반박을 해보고자 한다.

2) 주택 공급량에 대한 팩트 체크

"이미 공급은 넘친다는데 구매하면 공실이 되는 게 아닐까?"

투자 반대쪽 입장의 핵심은 공급 포화이다. 부동산도 시장 경제의 일부이기에 수요 대비 공급이 많으면 가격이 하락하게 된다. 전국 각지에 이미 미분양 주택들이 많기 때문에 공급은 사실상 포화 상태이며, 자연스레 수익률이 낮아지고 자금 회수조차 어려울 거라는 논리가 투자 반대자들의 핵심 맥락이다. 또한 이미 주택 가격이 높아진 상태라 구입자들의 연령층이 높다는 점도 뒷받침 근거이다. 수요자들의 연령층이 높다는 것은 시장의 수요층 자체도 폭넓지 않다는 걸 의미한다. 이러한 의견을 보게 된다면 초기 투자자들은 당연 투자를 망설일 수밖에 없다.

반드시 체크! 정부가 주택 공급량을 조절한다

하지만 가장 중요한 사실이 있다. 주택 공급량이 아무리 많다고 해도, 일반 시장 경제처럼 이 공급이 방치되진 않는다. 정부측에서부터 주택 공급량을 조절하기 위해 시장에 다양한 장치들을 설치해 놓는다. 미분양 관리 지역들을 대상으로 분양 시기를 조절하는 것이 가장 대표적인 예시이다. 공급이 무한정으로 계속 이뤄지는 상태에서 방치된다면 당연 수요가 공급을 따라가지 못해 가격은 하락하게 된다. 그러나 분양 시기를 관리하여 미분양 주택들이 먼저 나가게끔 조절을 한다면 수요가 공급을 따라갈 수 있게 된다. 즉 주택 가격이 큰 폭으로 하락하지 않게 된다.

이미 분양 시기를 조절하는 전략, 즉 부동산 시장을 관리하는 것은 이전 정부에서부터도 시행된 주요한 전략이다. 그 때문에 거래 가능한 주택 공급량은 과포화 상태가 되었다가도 수요에 맞게 점차 줄어든다. 세부적인 장치 예시로는 분양권, 입주권 등의 전매제한, 공공 분양의 실거주 의무 강화 등이 있다. 이러한 점을 꼭 체크해야 한다.

거래가 가능한 주택 공급량에 대한 견해를 확장하다 보면 '3기 신도시'

에 대한 이야기도 하지 않을 수 없다. 그럼 3기 신도시란 무엇이고 이것이 주택 공급에는 어떤 영향을 끼칠까?

3) 3기 신도시에 대한 팩트 체크

3기 신도시는 2021년 부동산 시장에서 빼놓을 수 없는 주요 키워드다. 투자 초보자들을 위해 간단히 설명하자면, 정부가 추진하는 「수도권 주택 공급 확대 방안」의 일환으로 서민 주거 안정을 위해 설립되는 공공주택기구이다. 남양주왕숙·왕숙2, 하남교산, 인천계양, 고양창릉, 부천대장 지역이 해당된다. 2021년 7월부터 사전 청약을 시행하며, 최종 비전은 2022년까지 '수도권 37만 호 공급'이다.

3기 신도시가 부동산 시장에 대량 공급을 이뤄내, 주택 가격 문제를 해결하리라는 시선이 적지 않다. 주택 투자를 견제하는 이들의 포인트이기도 하다. 그러나 정말 3기 신도시 하나로 모든 문제가 해결될까? 미시적인 관점에서는 YES일지도 모른다. 일시적으로나마 대량 공급을 진행하면 부동산 시장이 침체되기 때문이다. 그러나 반드시 염두해야 할 사실은, 부동산이 시장 경제 속 일반적인 재화들과는 전혀 다른 특징을 갖고 있단 점이다. 공급이 되는 순간 바로 수요가 견인되는 것이 아니다.

3기 신도시 지정이 발표됐다 하더라도, 5년 뒤에 즉각 공급이 완료돼 입주가 시작되지는 않는다. 보상과 원주민 정착에 대한 과제도 해결해야 하므로 공급이 100% 순탄하게 이루어지리라는 보장도 없다. 또한 신도시 자체의 파급력은 부정할 수 없지만, 인천·계양 등의 지하철을 끌어들이지 않는 이상 성장 속도에도 한계가 존재한다. 신도시가 정말로 부동산 시장 가격에 큰 영향을 미치기 위해서는 빠른 공급이 관건이다. 공급 시점과 수요 시점의 간격이 길어지면 길어질수록, 해당 신도시의 임팩트도 줄어들게 된다.

그러나 3기 신도시가 갖고 있는 특징이 빠른 공급으로 이뤄질 거란 보장이 없다. 오히려 여러 관점으로 살펴보면 그 반대가 될 가능성이 커 보인다. 3기 신도시 이전에 추진됐던 2기 신도시만 보아도 알 수 있다. 과거를 살피면 미래를 알게 되는 법. 선례인 2기 신도시는 부동산 시장에 어떤 영향을 미쳤는가?

4) 2기 신도시 팩트 체크

2기 신도시 사업은 2003년 추진된 사업이었다. 현재 신도시들의 목적과 동일하게 서울의 집값 폭등을 막기 위한 공급 정책이었다. 상당히 광범위한 영역을 대상으로 이뤄졌다는 특징이 있다. 경기 김포(한강), 인천 검단, 화성 동탄1·2, 평택 고덕, 수원 광교, 성남 판교, 서울 송파(위례), 양주 옥정, 파주 운정 등 수도권 10개 지역을 포함하며 충청권까지 일부 지정한 규모였다. 총 12개 지역이었다. 최초 시행된 1기 신도시의 단점을 극복하기 위해 단순 대규모 주택 공급이 아닌, 〈녹지+자족기능+특색〉을 살리려는 시도가 도입됐다.

당연히 사람들은 2기 신도시가 폭등하는 서울 주택 가격을 낮춰주고, 부동산 시장 가격을 정상 범주로 되돌려줄 거라고 믿었다. 대규모 공급에다가 차별화된 전략까지 포함했기 때문이다. 신도시가 발표된 이후, 주택 가격 하락을 염두한 많은 예비 투자자들이 부동산 투자에 회의감을 나타내기도 했다. 지금 3기 신도시 상황과 매우 유사하다.

하지만 막상 뚜껑을 열어보니 어땠는가. 현실은 생각만큼 드라마틱하지 않았다. 추후 세간의 평가에 따르면 2006년 판교 분양 이후로 관심이 크게 떨어졌다. 또한 경기 오산을 비롯하여 몇몇 지역의 사업은 아예 취소되거나 축소돼 버리기도 했다. 결국 2기 신도시가 처음 발표됐을 때, 야심차게 목표로 삼은 영향력은 발생하지 않았다.

물론 신도시 분양이 시작된 직후에는 많은 공급 덕에 부동산 시장 가격이 잠시 주춤하는 모습을 보였지만, 이는 오래가지 못했다. 2003년 이후 줄곧 치솟듯 상승한 주택 가격이 살아있는 증거이다. 이미 우리는 대규모 신도시를 겪었으나 부동산 가격은 어떠한가? 여전히 부를 일구는 데 가장 중요한 원천으로 대우받는다.

여기서 매우 중요한 포인트가 하나 존재하는데 바로 '2기 신도시'가 아직 끝나지 않았다는 점이다. 분양이 완료된 프로젝트가 아니다. 2기 신도시 중 검단 신도시의 경우 2019년에서야 스타트를 끊었다. 검단 신도시의 메리트가 없어서가 아니다. 입지 조건이나 특색으로 보았을 때

꽤나 괜찮은 조건임에도 불구하고 시작이 늦었다. 이를 통해서 우리는 한 가지를 캐치할 수 있다.

신도시 발표가 집값을 떨어트리지 못하는 데에는 이유가 있다. 실제 신도시 사업이 대규모로 착수된다 하더라도 분양이 이뤄지는 것은 언제가 될지 장담할 수 없다는 말이다. 2기 신도시 발표가 2003년이고, 검단 신도시가 2019년에서야 시작된 걸 보면 무려 16년의 시차가 존재한다. 오히려 현재 시점에서 투자자들은 2기 신도시를 눈여겨 볼 필요가 있다.

앞서 언급하였듯이 시차가 길어지면 길어질수록 신도시의 파급 효과는 낮아지게 된다. 공급에 대한 '발표'만 있을 뿐, 실제 대규모 물량으로 공급된 건 아니기 때문에 결국 집값이 낮아지는 효과는 감소한다. 2번의 신도시 계획이 발표됐음에도 불구하고 여전히 건재한 주택 시장이 바로 부인 불가한 증거이다. "위축될 거다"라는 추측이 난무했으나, 실제 주택을 선택한 투자자가 그렇지 않은 사람들보다 많은 경제적 이익을 얻은 사실 역시 부정할 수 없다.

주택 보급률 104.8%의 의미?

좀 더 수치적으로 접근해보자. 물론 결론은 같다. 2019년을 기준으로 우리나라 주택 보급률은 104.8%였다. 주택 보급률은 투자를 염두에 둔 사람들이 꽤나 유심히 살펴보는 지표 중 하나이다. 인구는 점차 감소하는데 주택 보급률은 높아진다면, 결국 주택에 대한 수요가 더 없을 거란 사실을 의미하기 때문이다.

당장 104.8%라는 수치만 봐도 절대 적은 수치가 아니다. 이 수치로 추론한다면, 모든 사람이 주택을 보급받고도 4.8%가 남아야 한다. 결국 4.8%만큼 과잉 공급되었다는 것인데, 그렇다면 당연 가격이 감소해야만 한다. 하지만 현재는 매매가도, 전세도, 하물며 월세 가격도 전혀 하락하지 않았다. 왜 이런 차이가 발생하는 걸까?

5) 공급 물량과 투자의 관계

숫자의 함정에 속지 말자. 주택 보급률의 함정은 바로 '통계 대상 주택'에 있다. 통상적으로 우리가 생각하는 거주용 주택만이 대상으로 산정되는 것이 아니다. 주소가 존재하는 초가집, 천막, 비닐하우스 하물며 시골 폐가들까지 모두 포함된 수치이다. 즉, 104.8%란 수치가 그대로 우리나라의 주택 보급률 상황을 의미하는 것이 아니란 뜻이다.

그렇다면 자연스럽게 이해가 되지 않는가? 주택 보급률이 100%를 돌파했음에도 불구하고 여전히 무주택자들이 많은 상황이 말이다. 단순히 숫자의 함정에 빠져 실제 시장의 공급과 수요를 잘못 판단해서는 안 되겠다.

6) 그렇다면 3기 신도시는?

규제로 인한 시장 매물 감소와 화폐 가치 하락에 따라 부동산 가격은 더욱 상승할 거라고 추측한다. 하지만 외부 조건이 아닌 3기 신도시 자체만 보더라도 부동산 하락을 겁낼 필요가 없다는 걸 알 수 있다. 3기 신도시의 공급이 단순히 주택 가격 하락을 정의하지는 않을 거다. 2기 검단 신도시처럼 3기 신도시도 몇몇 지역은 상당히 긴 시간 텀을 두고 시작될 가능성이 높다. 그 시간은 언제가 될 지 아무도 장담 못 한다. 결국 주택 가격이 상승할 여지와 시간은 얼마든지 존재한다는 것인데 단순히 '공급된다'라는 발표에만 연연하는 건 성급한 자세다.

또한 초가집부터 시골 폐가들까지 전부 다 포함했음에도 주택 보급률이 104.8%(대상이 상당히 광범위하단 걸 알고 나면 이 수치는 적게 느껴진다) 정도에 불과한 것 역시 체크해볼 부분이다. 실수요자거나 아니거나 아직 주택 수요자들은 존재하며, 그 수 역시 적지 않다.

물론 3기 신도시 공급이 일단 이뤄지기 시작하면 가격이 잠시 하락할 수도 있다. 전체 중 일부더라도 상당한 공급 물량을 시장에 투여하면 가격 하락은 막을 수 없다. 그러나 요지는 '잠시'일 뿐 그 효과가 평생 지속되지 않는다는 점이다. 여기에 덧붙여, 신도시는 오히려 주택 가격을 상승시키는 효과도 있다. 이 부분은 많은 초보 투자자들이 간과하기 쉽다. 주택 가격을 내리기 위해 만들어진 신도시가 왜 모순적으로 주택 가격 상승을 견인하는 것일까?

7) 신도시에 겁먹지 말자

신도시 설립의 제1목적은 당연 집값 안정화이다. 수요를 변화시킬 수 없으니 공급에 변동을 주어 가격을 내리겠다는 맥락이다. 그러나 신도시에는 모순적인 효과가 존재한다. 바로 주택 가격을 '상승'시키는 효과이다. 이는 원 목적에 완전히 반대되는 것이므로, 신도시가 주택 가격을 올린다는 말은 쉽게 이해하기 어려울지도 모른다.

하나의 신도시가 건설되기 위해서는 다양한 조건들이 뒷받침돼야 한다. 변화하는 수요자들의 욕구와 주거 환경 트렌드를 반영해야 하며, 대규모 이주에도 사람들이 편의를 누릴 수 있게끔 각종 인프라가 조성돼야 한다. 일방적으로 주택만 짓기보다는 삶의 질을 상승시켜주는 각종 제반 시설이 함께 건설되는 경우가 많다. 그러므로 신도시가 하나 생긴다는 말 안에는 대상 지역을 중심으로 각종 상권 및 인프라도 형성되리라는 기대가 내포돼있다.

이는 '신축효과'라는 말로 정의할 수 있겠다. 새로 지은 신도시 덕에 인근 지역이나 다른 공급 사업까지 덩달아 그 가치가 오르는 현상이다. 실제 신도시 분양 이후, 예측만큼 상권이나 인프라가 조성되지 않았다 하더라도 신도시는 발표만으로 일정 부분 신축효과를 조성한다. 2기 신도시를 보면 더욱 정확히 알 수 있다.

8) 부동산 시장의 또 다른 뇌관 '신도시'

2기 신도시는 역설적이지만 집값을 잡기보다 덩달아 올리는 상황을 연출하기도 했다. 탕정이 아산을, 도안이 대전을, 검단이 인천을 이끌며 해당 지역의 가격을 상승시켰다. 이는 정부의 의도와 반대되는 상황으로, 투자자들이 신도시 분양을 어떻게 이용하느냐에 따라 전혀 다른 결과가 나올 수 있다는 사실을 증명한다.

신도시 발표에도 위축되지 않고 영리하게 투자를 진행한 투자자들은 오히려 이전보다 많은 이익을 얻었다. 이처럼 부동산 시장에선 단순히 수요-공급의 논리만 가지고 미래를 예측할 수 없다. 조금 더 복합적이고 거시적인 관점을 채택해야 한다. 신도시가 단순히 대량 공급을 야기하고, 가격을 하락시키리라는 단편적인 사고는 경계해야 한다는 뜻이다. 거듭 말하지만, 2기 신도시의 결과만 보아도 우리는 알 수 있다.

이를 토대로 우리는 중요한 결론을 도출하게 된다. 집값을 내리는 게 생각보다 정말 쉽지가 않다는 것이다. 정부는 '신도시'라는 대규모 물량 공급 카드까지 사용했지만 부동산 시장을 잡을 수 없었다. 국가적인 정책을 기반으로 움직여도 집값을 내리는 일에는 실패했다. 그 말인즉슨, 한번 오른 집값은 웬만해선 떨어지지 않고 오히려 그 가치가 거듭 상승할 가능성이 크다는 뜻이다.

시대가 바뀌어도 부동산 투자가 각광받는 이유가 여기에 있다. 이러니저러니 말은 많지만 그 어떤 악재에도 결국 '버티면 오르는' 것이 부동산이다. 단기적인 이슈에 위축됐다가는 큰 수익을 잃게 될지도 모른다. 그러므로 부동산 투자를 마음먹었다면 이 말을 명심하자. 부동산, 있는 것이 없는 것보다 좋다는 불변의 공식을 말이다.

9) 그 외 3기 신도시에 대한 사실들

이렇듯 신도시를 둘러싼 역사만 살펴보아도 투자 이전에 너무 겁먹을 필요가 없다는 것은 알 수 있다. 다시 3기 신도시 키워드로 돌아와보자. 여전히 3기 신도시가 부동산 가격을 위축시키지 않을 거라는 의견을 뒷받침하는 맥락들이 존재한다.

바로 정부의 '분양 축소'이다. 정부는 민간 분양을 대폭 축소하겠다는 방향성을 언급한 바가 있다. 정해진 공급 물량은 그대로인데 민간 분양을 줄인다면? 자연스럽게 공공 분양과 공공 임대가 확대되리란 점을 예측할 수 있다.

투자자 혹은 실수요자 입장에서 '공공'이란 키워드를 썩 좋게 받아들일 수 없다. 그 이유는 아무리 양호한 주택이라 할지라도 20년, 30년 쭉 월세로만 살다 보면 결국 손에 남는 실질적 자산이 없기 때문이다. 사람들이 부동산에 관심 갖는 이유는 투자 이전에 당연 실소유&실거주다. '공공'

이란 키워드는 즉각 수요를 원하는 사람들의 실소유를 좌절시킬 가능성이 있다. 그러므로 공공 분양을 확대하겠다고 발표된 3기 신도시가 정말 집값을 하락시키는 '신도시 본연의 목적'을 이룰지는 더욱 불투명해졌다.

오히려 3기 신도시가 2기 신도시처럼 시세 상승의 뇌관 역할을 하리란 추측도 적지 않다. 공공 분양인 이상 임대 물량도 상당할 것이며, 실거주 요건으로 시장 내 물량이 나올 수 없기 때문이다. 시장 내 거래가 불가능하니 좌절된 수요의 크기가 다른 주택으로 옮겨갈 가능성이 존재한다. 풍선효과를 떠올리면 이해가 쉽겠다.

지구명	남양주		하남 교산	인천 계양	고양 창릉	부천 대장
	왕숙	왕숙2				
면적	866만m²	239만m²	631만m²	333만m²	813만m²	343만m²
호수	5만 4천 호	1만 5천 호	3만 4천 호	1만 7천 호	3만 8천 호	2만 호
비고	3기 신도시					

출처 : 3기 신도시 공식 홈페이지

10) 그래서 결론은?

초보 투자자들은 3기 신도시 사업에 지나치게 위축될 필요가 없다. 실분양이 모두 완료되기까지 상당히 긴 시간이 걸리므로 시장을 조사하고 환경 변화에 대응할 여유는 충분하다. 정부의 정책 발표와 수요/공급의 차이를 지켜보면서 현명한 선택을 해야 한다는 뜻이다. 1기 신도시 및 2기 신도시의 결과가 현재 부동산 시장에 어떠한 영향을 줬는지는 항시 살펴야 하는 참고서와 같다.

3기 신도시의 규모가 매우 큰 편이므로 분명 어떤 방식으로든 부동산 시장에 영향을 주리란 점은 부정할 수 없다. 그러나 이것이 시세 하락으로 정의되지는 않을 것이다. 지금까지 살펴보았던 내용들을 토대로 동시대 이슈에 촉각을 곤두세우자. 그리고 다시 한번 더 명심하자. 부동산, 사는 동안 가장 저렴한 순간은 바로 '오늘'이라는 점을.

03.
돈이 되는 주택, 돈을 버는 주택

1) 내 집 마련은 성공한 삶의 지표

한국인은 모두 집을 사고 싶어 한다. 2020년 상반기 로또 당첨자 271명에게 당첨금으로 무엇을 할 것인지 설문을 실시했다.[3] 1위는 무엇이었을까? 응답자의 42%

가 '주택, 부동산을 구입할 것'이라고 답했다. 2위가 '대출금 상환'인데 이 역시 많은 가정에서 주택 구매를 위해 대출을 받는 점을 생각했을 때 부동산, 집과 연관성 있는 계획이 아닐까 싶다. 그만큼 한국인들은 큰돈이 생기면 개인의 자아실현보다 주택, 부동산 구매를 통한 생활의 안정을 추구하는 성향이 강함을 보여준다.

---

3) 출처 : 기획재정부 복권위원회

그렇다면 집은 한국인에게 어떤 의미일까? 현재 한국에서 집이란 하나의 상징으로 봐야 한다. 전통적으로 집이란 외부 환경으로부터 보호받고, 편안하고 안전한 생활을 제공하는 설비다. 선사 시대에는 자연적으로 발생한 동굴에서 시작해 점차 인간의 궁리가 더해진 건축물로서 발전해 나갔다.

사회가 복잡해질수록 건축물의 형태를 포함해 그 안에 담긴 의미도 커졌는데 현재 대한민국에서는 한 사람의 삶이 어느 정도 궤도에 올랐음을 나타내는 합격선 정도로 취급되고 있다. 여기에 조금 더 보태면 서민도 부자가 될 수 있는 몇 남지 않은 계층의 사다리라고 해도 과언이 아니다.

이는 20대들의 인식에도 그대로 반영된다. 한 취업 사이트에서 실시한 조사를 보면 조사를 실시한 3,000명의 청년 중 94.8%가 '내 집 마련이 필요하다'고 답했고, 그 이유로는 1위가 편안한 노후, 2위가 내 집이 없으면 불안, 3위가 지속적인 주택 임대료 상승, 4위가 인생의 중요한 목표 중 하나, 5위가 재테크의 수단이었다. 또한 78%의 응답자가 앞으로도 집값이 오를 것이라고 예측했고, 내릴 것이라는 답변은 7.6%에 불과했다.

집을 통한 재테크와 거리가 있는 20대조차도 집이라는 존재에 성공과 목표를 투영하고, 가격 상승으로 인한 다양한 메리트가 생길 것을 기대하고 있다. 하물며 실질적인 부동산 투자에 나서는 30~50대는 이를 더욱 실감할 것이다.

나는 집을 사고파는 과정을 반복하며, 가난했던 어린 시절에서 벗어나 지금에 이르렀다. 억만장자라 불릴 만큼의 부자는 아니지만, 가난 때문에 겪은 불편과 고생은 전래 동화로 느껴질 만큼 과거와는 다른 생활을 누리게 됐다.

내가 집이라는 존재의 소중함을 인식한 것은 중학생이 돼서 처음으로 내 방을 가졌을 때였다. 그전까지는 온 가족이 옹기종기 모여 지내는 것도 즐거운 일이었고, 힘든 일이라고 생각지도 못했다. 다만 때가 되면 짐을 바리바리 싸 들고 이사를 가야 한다는 점만이 지금 떠오르는 유일한 불편이었다. 그러던 중 내 방을 오롯이 누릴 수 있게 되니 그동안의 생활이 얼마나 고됐는지, 내 소유의 주택을 갖는 것이 얼마나 안심되고, 행복한 일인지를 깨달을 수 있었다.

아마 나의 부모님은 이런 경제 사정에 무거운 책임감을 느꼈을 것이다. 내가 어른이 되고 편히 지낼 '내 집'이 없는 경험을 하고 나니 더욱 공감이 갔으며, 내 자식만은 이런 불편과는 거리가 먼 생활을 만들어주고 싶다는 열망이 강하게 들었다.

이제 '개천 용'의 시대는 갔다고 흔히들 말한다. 공부를 '열심히' 하기만 하면 성공이 보장된 시대는 더 이상 없다. 부유한 부모의 투자 없이는 좋은 대학, 좋은 직장에 가기란 하늘의 별 따기가 되어 버렸다. 그렇다면 나는 자녀에게 어떤 부모가 되고 싶은가? 지금을 부동산 투자를 통해 자녀에게 성공의 발판을 만들어 줄 마지막 기회라고 생각하자. 혹 아직 20, 30대의 젊은 독자라면 적극적인 부동산 투자를 통해 나의 미래를 구해줄 발판을 쌓아보자.

2) 주택 고르는 눈을 바꾸자

아마 이 책을 보는 이들 중 대다수가 무주택자이거나 실거주 주택을 1채 정도 보유 중인 사람일 것이다. 그리고 누구보다 똑똑한 부동산 투자로 나의 자산을 한 단계 업그레이드 시킬 기회를 열심히 찾고 있으리라 짐작된다.

하지만 생각처럼 잠재력 있는, 미래 성장 가치가 있는 집을 고르는 일은 간단하지 않다. 사람들은 집을 고를 때 "내가 직장에 다니기 편해서" 혹은 "학교 다니기 편해서", "주변에 마트와 백화점이 있어서" 등 내 주변만 관찰하고, 내가 원하는 조건만 내세워 열심히 둘러본다. 잠재력이라는 말은 숨어 있는, 아직은 눈에 보이지 않는 가능성을 말한다.

또한 이렇게 좋은 조건을 가진 집을 골라서 산다면 그 집은 나를 부자로 만들어 줄 수 없다. 이러한 조건을 가진 집들은 나에게만 좋은 집이 아니다. 나 말고도 많은 사람이 살길 원하고, 살고 싶어 하는 그런 집이다. 우리는 지금 '부자로 만들어 줄 집'을 찾고 있음을 명심하자.

물론 누군가는 이렇게 물을 것이다. "그런 집이 값이 오르는 거 아니에요? 역세권, 초품아 불패라던데?" 맞다. 이런 집은 누가 봐도 좋은 집이다. 그래서 이미 가격이 너무 많이 올라 있는 곳이다. 서민에게는 '그림의 떡'이자 좋은 점을 알아도 살 수 없는 집이라고 봐야 한다. 당장의 생활에서 편리함을 얻으려면 좋은 선택지가 될 수 있다. 그만큼 안정적이고, 인기도 많다. 팔고 싶은 마음이 들면 언제든 처분하는 것도 가능하다.

하지만 다시금 강조하자면 우리는 '돈이 되는 집'을 사야 한다. 장사의 기본은 좋은 물건을 싸게 사서 비싼 값에 파는 것이다. 집도 똑같다. 심지어 해당 매물이 당장 좋지 않더라도 앞으로 어떤 개발이 이뤄질지, 새로 들어오는 도로나 지하철 등으로 발전 여지가 있는지를 면밀히 알아봐야 한다. 이런 호재가 맞아떨어진다면 서너 배 이상의 이익을 내는 것도 가능하다.

• 사례 : 둔촌동 아파트

예를 들어서 최근 뉴스에 자주 오르내리는 둔촌주공아파트로 설명해보

겠다. 둔촌주공은 1990년대부터 꾸준하게 재개발 지역으로 꼽히며 많은 투자자의 관심을 받아왔다.

실제로 재개발이 시행되기 전까지 가격의 상승과 하락을 반복했던 지역이라, 당연히 그 사이 투자 기회가 발생하기도 했다. 77m²형의 국토교통부에 등록된 실거래가를 기준으로 가격 흐름을 보면 2006년 4억 6,000만 원에 거래되던 것이 2019년 14억 6,000만 원까지 상승했다. 이는 그래프로 보면 그 변화를 한층 체감할 수 있다.

반면 둔촌주공 인근의 아파트들은 어떨까? 주변에 큰 재개발 예정지를 둔 만큼의 낙수 효과를 봤을까? 둔촌주공과 도로 하나를 사이에 두고 있는 둔촌신동아와 비교해봤다.

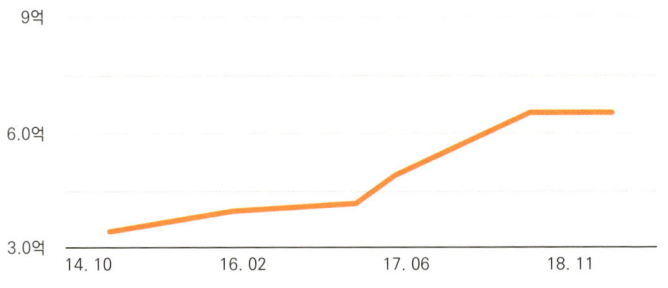

이는 84m²A형의 거래 그래프다. 둔촌주공보다 더 넓은 평수며, 준공일자도 2002년으로 비교적 최근이지만 같은 기간의 가격 상승폭은 그

다지 크지 않다. 실거래가를 살펴봐도 2006년 둔촌주공은 4억 6,000만 원, 둔촌신동아는 2억 5,000만 원이었다. 하지만, 15년이 지난 후 비교해 보면 당시 2억 원의 차이가 지금은 10억 원 가까이 벌어지는 결과를 낳았다. 조금 불편하고 낡은 아파트라도 투자 가치가 있다면 기꺼이 뛰어든 용기가 이런 쾌거를 얻게 한다.

물론 둔촌주공은 오랜 기간 재개발 지역으로 꼽히며 시세가 높게 형성된 감은 있지만, 재개발이 시작된 지금과 비교하면 꾸준히 저평가돼왔다는 사실을 알 수 있다. 상승할 아파트에 대한 확신과 근거가 있다면 어느 지역이든 이런 드라마틱한 투자 성과를 이뤄낼 수 있다. 이런 숨겨진 노다지를 찾는 것이 우리가 부동산을 공부해야만 하는 이유다.

3) 돈이 되는 주택을 사야 하는 이유

최근 1년간 주식에 투자하는 이들이 부쩍 늘었다. 작은 자본금, 빠른 이익 회수율이 젊은 세대에게 매력적으로 다가오기 때문이다. 그래서인지 "나도 주식을 해볼까" 생각하는 사람도 많은 것이 사실이다. 그만큼 젊은 세대에게 부동산은 고위험 투자 수단으로 느껴지기 때문이다. 하지만 앞에서 봤듯이 부동산과 주식은 안정성, 변동성에서 많은 차이가 있다.

표를 보자.[4] 2017년도 기준이지만, 한국인의 자산 중 75%는 부동산에 할당돼 있다. 이 비율이 줄지 않는 것은 사람들에게 투자 성공의 확

---

4) 출처 : 연합뉴스

신을 줄 대상이 부동산밖에 없었기 때문이다. 그래서 더욱 신중하게 구매하게 되고 최대의 효율을 내도록 신경 쓸 수밖에 없다.

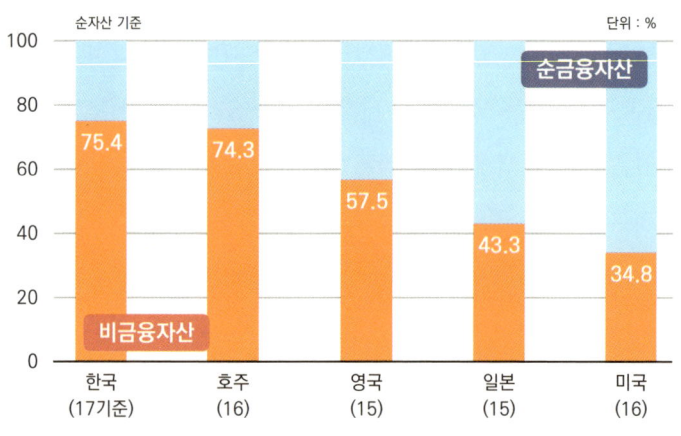

주요국 가계 및 비영리 단체 자산 구성 비율

출처자료 : 한국은행 / 통계청

또한 그만큼 부동산 투자에 대해 쌓아온 노하우도 만만치 않다. 우리 주변에 부동산으로 성공한 사람이 한두 명은 꼭 있다. 하지만 주식으로 성공한 사람을 물으면 모두가 합죽이가 된 듯 고개만 갸웃거린다. 성공에 대한 경험치에서 이미 많은 차이를 보이기 때문에 부동산 투자에 대한 사람들의 장벽도 훨씬 낮다. 이러한 이유들 때문에라도 당분간은 부동산으로 꾸준히 돈이 몰릴 것이다.

4) 부동산의 장점은 바로 이것!

부동산은 나라가 망하지 않는 한 크게 손해 볼 일이 없다. 그 사이에 집에서 거주할 수도 있으니 다시 값이 오를 때까지 팔지 않고 머물기만 해도 된다. 더욱 놀라운 점은 아파트의 경우는 다른 자산과 비교해 감가상각의 영향도 적다.

감가상각이란 무엇인가? 장기간 사용하는 자산의 비용화를 뜻한다. 자동차의 경우 구매하는 순간부터 가격이 떨어진다고 말할 정도로, 실제로 사용해서 고장 나거나 낡았다는 의미가 아닌 가치가 하락했음을 계산하는 개념이다. 중요한 것은 주택 역시 이런 논리가 적용되어야 하지만, 재건축 아파트 혹은 재건축 아파트가 아니더라도 많은 경우 감가상각에서 자유로운 편이다. 그래서 더욱 투자처로 적합하게 꼽히는 것이다.

오히려 낡았더라도, 시세에 따라 저절로 값이 오르기도 하는 것이 주택 가격일 정도로 한국의 부동산 시장은 많은 부분에서 시장의 논리대로 흘러가고 있다. 오히려 정부가 거래량을 억지로 조절하면서 자연스레 흐르던 물길이 막혀 지금과 같이 막막한 상황을 초래한 것도 사실이니 말이다. 하지만 이런 억제는 언제까지고 지속될 수 없다는 것이 그동안의 시장 흐름을 봐온 이들의 공통된 의견이다.

5) 앞으로의 부동산 투자는 어디로?

현 정책은 집을 소유하려는 사람에게 '투기꾼'이라는 이름을 붙여 서민들의 삶을 더욱더 팍팍하게 만들고 있다. 나날이 대출 한도는 줄고, 각종 세금이 늘어나며 집을 사고파는 이들을 괴롭게 만든다.

2019년 12월 16일	주택 시장 안정화 방안
	9억 원 초과 주택 LTV강화, 15억 원 초과 주택 담보대출 금지
	DSR, RTI 강화, 9억 원 초과 전세자금대출 제한
	종합부동산세율 인상, 세부담상한 상향(조정 2주택 200%→ 300%)
	종합부동산세 1주택 고령자 및 합산공제 확대, 공시가격 현실화
	1세대 1주택 장기보유특별공제 거주요건 강화
	등록 임대주택 양도세 비과세 요건 추가
	조정대상지역 양도세 중과 주택 수 분양권 포함
	양도세율 인상(2년 미만 보유)
	조정대상지역 양도세 중과 한시적 배제(2020년 6월까지)
	민간택지 분양가상한제 적용 지역 확대
	전매 제한 및 재당첨 제한 요건 강화

지금 주택 시장의 규제는 상상 이상으로 강력한 수준이다. 지난 4년을 돌아보면 25번에 이르는 정책 발표와 번복, 새로운 규제의 등장으로 수많은 변화가 시장을 강타했었다. 예를 들면 2019년 12.16대책은 각종 규제가 꾹꾹 들어찬, 그야말로 규제의 '끝판왕'이라고 할 수 있다. 이 안에는 각종 대출 제한, 공시가격 인상, 양도세 인상 등이 포함됐고, 시장의 반

동은 생각보다 컸다. 이후 2020년에 들어서며 꾸준히 공급 위주의 정책을 발표하긴 했지만, 당장 시장의 흐름을 바꿀 수 있는 강력한 한 방은 찾아보기 힘들었다. 동시에 조정 대상 지역 추가와 대출 규제, 과세 구간은 점점 팍팍해져 구매자는 물론 전세 매물마저도 찾아볼 수 없게 만들었다. 심지어 최근 3기 신도시에 얽힌 LH 직원들의 조직적인 투기 현황이 밝혀지며 정부의 부동산 정책에 대한 신뢰도는 바닥으로까지 떨어졌다.

그 와중에서도 집이 간절한 일부 사람들은 이런 정부 정책에 휩쓸리지 않기 위해 잰걸음으로 주택 구매를 위해 움직였으나, 정부는 또다시 '패닉바잉'이라는 명목을 들어 이들의 행동을 이상 현상으로 취급했다. 집값 상승, 시장의 혼란, 정책의 실패를 패닉바잉으로 인한 일시적인 현상이라며 위기감을 느끼지 못하게 문제를 축소하는 것이다. 이 표는 각 정권별 아파트 값을 비교하고 있다. 문재인 정권 들어 서울 아파트 증감액이 52%에 달하고 있다. 전국 아파트 평균은 20%인 데 반해 서울은 52%를 기록할 정도로 수도권 쏠림 현상이 가중되고 있다. 지역 균형 발전을 꾀한다면서 되레 서울 집값만 더 올린 셈이 됐다.

〈표1〉 정권별 전국 서울 아파트 중위값 변화

단위: 백분율

정권별 임기		전국 아파트	증감액	증감률	서울 아파트	증감액	증감률
이명박	2008.12	226	14	6%	480	-15	-3%
	2013.02	240			465		
박근혜	2013.03	240	65	27%	265	134	29%
	2017.03	305			599		
문재인	2017.05	306	62	20%	606	314	52%
	2020.05	368			920		

자료 : KB 주택 가격 동향

아프리카에 사는 미어캣은 몸길이가 50cm에 무게가 1kg 정도인 아주 작고 연약한 동물이다. 잘 알다시피 아프리카에는 사자, 하이에나, 독수리, 매와 같이 크고 사나운 먹이 사슬의 정점에 있는 다양한 동물이 살고 있다. 이들은 이러한 거칠고 위협적인 환경에서 살아남기 위해 끊임없이 자신의 주변을 둘러보는 습관을 지니고 있다.

서민들도 마찬가지다. 무주택자들은 이런 미어캣이 되어야 한다. 지금은 잠시 전세로 살고 있지만, 나의 안정적인 생활과 더 나은 미래를 위해 끊임없이 예민하게 주변을 둘러봐야 한다. 우리를 지켜줄 수 있는 것은 기회를 향한 지속적인 감시와 분석밖에 없다.

정부의 막연한 약속만 믿다간 결코 '내 집'이 손에 들어올 수 없다. 나의 행복은 내가 쟁취해야만 하는 것임을 잊지 말자.

04.
유동성 지표로 보는 부동산 투자 전망

부동산 투자를 하고 있는, 혹은 할 계획인 사람들의 관심사는 무엇일까. '최적의 투자 시기'가 아닐까. 상승세는 언제까지 계속될 것인지, 지금 투자해도 좋은지, 이런 것들이 궁금할 것이다. 그러나 대박의 기대와 설렘 속 두려움이 멈춰야 할지 가야 할지 망설이게 만든다. 그래서 이번 파트에서는 유동성을 통해 부동산 투자 전망을 알아보려고 한다.

그 전에 꼭 알아둬야 할 단어가 있다. 바로 '유동성'이다. 앞으로의 내용 이해를 위해 유동성과 유동성 지표의 개념 정리를 먼저 하고 넘어가겠다.

1) 유동성, 넌 누구냐!

유동성의 위기다, 유동성을 확보했다. 경제 뉴스를 읽다 보면 심심치 않게 등장하는 단어, 유동성(流動性). '유동성'이란 무엇을 의미하는가. 유동성? '흐르는 성질'을 뜻하는 거 아냐? 아주 틀린 말은 아니다. 경제 용어에서 유동성은 '돈'의 '흐름'을 말하기 때문이다. 유동성의 사전적 정의를 살펴보면 '자산을 현금으로 전환할 수 있는 정도'를 뜻한다. 즉, 유동성은 시중에 돈이 얼마나 많이 풀렸는지 알 수 있는 척도가 되며 유동성이 증가했다는 것은 시중에 유통되는 통화량이 증가했음을 의미한다. 더 쉽게 이해하고 싶은 분들은 유동성이라는 단어 대신 현금, 돈을 대입해보면 된다. 한마디로, 유동성이 풍부하다? = 현금화할 수 있는 돈이 많다! 라는 공식이 성립한다.

그렇다면 눈으로 확인할 수 없는 유동성의 흐름은 어떻게 알 수 있을까? 유동성 지표는 M1과 M2로 확인한다. M1은 협의통화로 현금과 요구불 예금, 수시입출식 저축성 예금 등 현금성 자산을 뜻하는 개념이다. 광의통화인 M2는 '광의'라는 단어에서 유추할 수 있듯 M1보다 넓은 개념이며, M1에 만기 2년 미만의 정기 예·적금, 수익증권, 양도성예금증서(CD), 환매조건부채권(RP), 증권사 종합자산관리계좌(CMA) 등 바로 현금화할 수 있는 단기 금융 상품을 포함한 넓은 통화 지표로 '시중 통화량'이라고 부른다.

> M1 = 현금 통화+요구불 예금+수시입출식 예금(투신사 MMF 포함)
> M2 = M1+만기 2년 미만 금융 상품(예적금, 시장형 및 실적 배당형, 금융채 등)

쉽게 말해 M1은 현금과 언제든 내 마음대로 쓸 수 있는 예금이며 M2는

M1+묶여있는 돈이다. 당연히 M1과 M2가 증가할수록 유동성은 풍부해지며, 시중 유동성(현금성 통화 보유) 비율은 M2 대비 M1 비율(M1/M2)로 확인할 수 있다. M1/M2 값을 계산하면 시장에 풀린 돈 중에서 얼마나 다른 곳에 투자할 수 있는지 자금 현금화 가능성을 알 수 있다. M1/M2 비율이 높다면 그만큼 투자처를 찾지 못한 돈이 많다는 뜻이다.

2) 시중 통화량 증가율, 역대 최고?!

유동성, M1, M2의 개념을 알아봤으니 이제 시중 통화량을 살펴보도록 하자. 코로나 19의 여파와 저금리 정책으로 인해 유동성 확대가 이어지면서 시중 통화량이 3,200조에 육박했다. 당장 현금화할 수 있는 자금은 1,100조 원 수준으로 2020년 한 해 동안 21% 증가했다. 카드 사태가 일어났던 2002년에 22.5%의 증가율을 기록한 이후 최대폭으로 늘어난 것이다.[5]

---

5) 출처 : 한국은행 & KTB투자증권

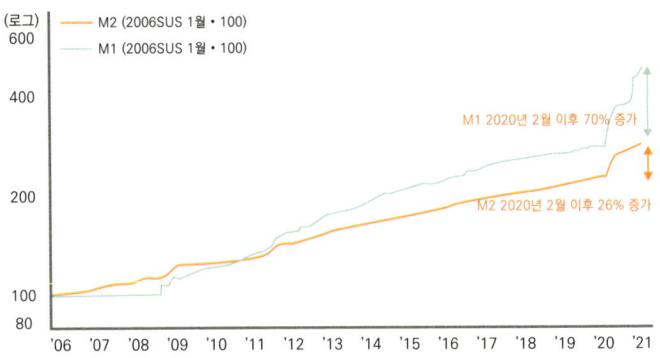

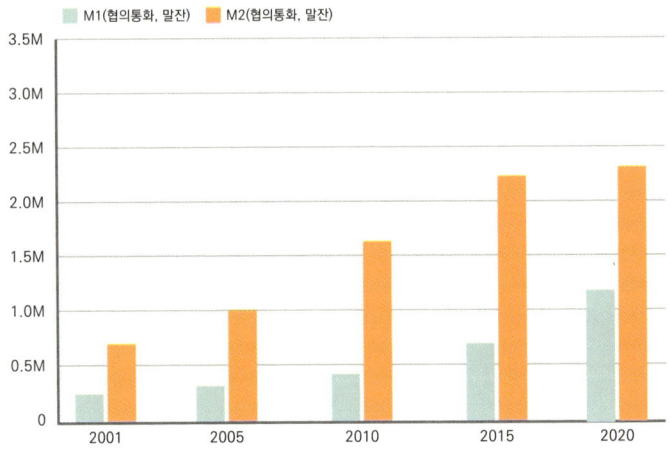

　　한국은행이 지난 2월 17일 발표한 '2020년 12월 중 통화 및 유동성' 통계에 따르면 M1(말잔)은 1,197조 8,289억 원으로 전년 동월 대비 25.7%(244조 9,061억 원) 증가했고, M2(말잔)는 3,199조 8,357억 원으로 전년 동월 대비 9.82%(286조 2,261억 원) 증가했다. 이는 연간 증가폭 기준으로 통계를 작성한 1960년 이후 역대 최대이며 연간 증가

율 기준 M1은 1999년 이후 최고치, M2는 글로벌 금융 위기 직후인 2009년 12월 이후 최고치를 기록했다. 시중 통화량은 3,200조에 달하며 2019년 동기간보다 286조 원 증가한 수치다. 즉, 2020년 한 해 시중 통화량이 급증했다는 것을 알 수 있다.

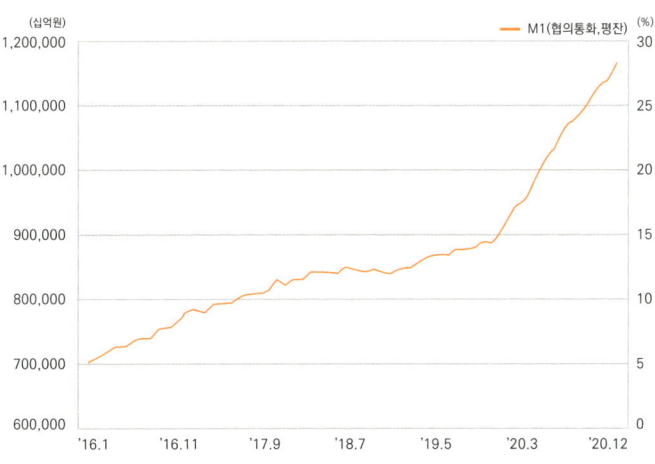

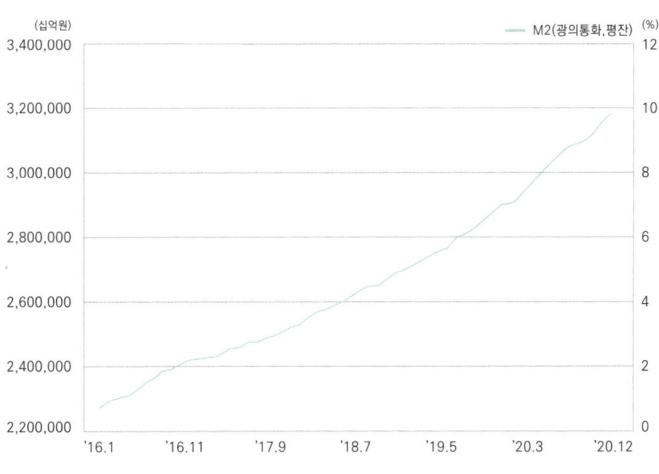

M1 평잔 그래프를 살펴보면 2020년 3월부터 통화 증가량이 기하급수적으로 늘어 6월부터는 평균 20%가 넘는 증가율을 기록한 것으로 나타났다.[6] 실제로 시장에 풀린 돈이 많아졌고 유동성이 높아졌다. 금리 인하도 한몫했으며 부동산 투자, 주식, 코인 등 다양한 곳에 자금이 흘러 들어간 영향도 크다. 한마디로 영끌(*영혼까지 끌어모아 대출), 빚투(*빚내서 투자) 등 부채 기반의 투자 열풍이 유동성 증가에 힘을 보탠 것이다.

3) 부동산 투자 전망, 호재일까 악재일까?

이쯤에서 의문이 들 것이다. 부동산 시장은 과열이니 가치가 떨어지겠네? 하고 말이다. 그러나 나의 견해는 다르다. 부동산 가치보다 화폐 가치의 하락이 먼저 찾아올 것이다. 현재 아파트 가치의 상승도 화폐 가치 하락이 불러온 결과라고 보면 된다. 아파트 가치는 그대로인데 화폐 가치가 떨어져 더 큰 비용을 지불하는 것이다. 결국, 화폐 가치의 하락은 실물 가치의 상승이다. 화폐 가치가 떨어지면 현금을 보유하는 것보다는 실물자산에 투자하는 것이 더 유리해진다. 화폐 가치 하락에 따른 부의 감소는 예견된 수순이며 예금 금리보다 높은 곳에 몰려들 수밖에 없는 세상이 올 것이다. 사람들은 위험이 동반되더라도 예금 금리보다 높은 투자처를 선호하게 될 것이다. 그래야 투자를 통해 부를 쌓을 수 있고 계층 이동의 기회를 얻는다.

---

6) 출처 : 한국은행

"화폐 가치 하락에 따른 자산 축소를
몸소 체험하려거든 전 재산을 현금화하여 저축하라"

내가 평소 농담 삼아 하는 말이다.

남들이 똑똑하게 투자할 때 나 혼자 투자에서 소외된다면 벼락부자의 꿈은 물거품이요, 벼락거지(*부동산 가격·주가 상승이 빚어낸 신조어)가 되는 것은 시간문제다. 최근 직장인들이 주식·아파트·비트코인 등 재테크에 관심을 두면서 투자 대열에 합류하는 것만 봐도 알 수 있다. 매달 받는 월급을 착실히 저축한 것뿐인데 투자에 성공한 사람들을 보니, '아무것도 하지 않았던 나 혼자만 거지가 된 것 같다'며 투자에 관심이 없던 사람들조차 상실감을 느낀다고 한다. 그만큼 투자하지 않고 저축한다면 자산 축소를 경험하게 된다는 뜻이다. 물론 내가 한 투자의 책임은 오롯이 나에게 있으니 꼼꼼하게 비교 분석한 뒤 투자해야 할 것이다. 충동적인 투자는 낭패를 불러올 수 있다는 것을 명심하자.

4) 비정상에서 정상을 바라보자

이런 비정상적인 금융 시장은 언제까지 이어질까? 한동안은 계속될 것이다. 아니, 앞으로도 이럴 것이다. 시장의 패러다임이 변했으니 과거를 돌아보지 말고 현재에 적응해야 한다. 저축은 안정적이니 장려하고 투자는 불확실하고 위험 부담이 있으니 지양하던 시대는 갔다. 열심히 저축하여 내 집 마련의 꿈을 이루는 것은 이제 옛말이며 열심히 투자하여 내 집을 마련하는 시기가 온 것이다. 문제는 이런 양상이 우리나라뿐만이 아니라는 것이다. 유동성 과잉과 최저 금리 상황은 전 세계적인 현상이다. 코로나 19발 경제 위기에 대응하기 위해 각국이 '돈 풀기 카드'를 꺼냈기 때문이다.

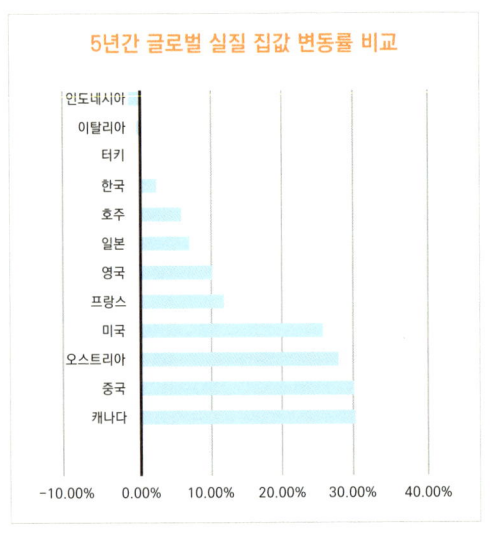

표를 살펴보자. 국토연구원이 발간한 'OECD 글로벌 부동산 통계지도'에 따르면 최근 1년간 우리나라의 주택 가격은 2.2% 상승한 것으로 나타났다. OECD 국가 중 비교적 안정적인 집값 변동률을 보인다. 집값의 변동폭도 작고, 소득 대비 집값의 상승폭은 오히려 감소한 것으로 나타났다. 최근 우리나라의 거침없는 집값 상승세로 서민의 불안이 커지고 있는 가운데 안정권이라니, 이 말은 곧 우리나라만의 문제가 아니라 세계적인 추세라는 뜻이다. 이는 수도권과 주요 광역시는 물론 집값이 하락한 지방까지 모두 포함한 전체 집값 변동률을 비교했기 때문이다. 또한 시세 변동폭이 큰 아파트와 집값 상승폭이 작은 주거 유형을 종합한 결과이므로 상대적으로 안정적으로 보인다. 평균 착시 현상이라는 지적도 나온다. 또한 표에서 확인할 수 있듯이 영국의 부동산 정보업체 나이트 프랭크의 '글로벌 주택가격 지수'에 따르면 우리나라의 지난해 2분기 집값 증감률은 1.3%로 56개국 중 45위에 올랐다.

월스트리스저널(WSJ)은 지난 3월 28일, 전 세계적인 부동산 시장의 과열로 거품 우려가 커지고 있다고 보도했다. 금리를 내리고 양적 완화를 시행한 결과 시중에 풀린 돈은 안정적 투자처인 부동산으로 흘러 들어갔다. 초저금리 지속, 코로나19로 침체된 경기 부양을 위한 유동성의 증가, 재택근무로 인한 주택 수요 증가가 집값의 폭등을 불러왔다고 분석했다.

각국은 부동산 거품을 잡기 위해 금리 인상을 고려 중이지만 전문가들은 현실화 가능성이 희박하다고 한다. 내 집 마련을 위해 대출에 나선 서민과 중산층의 이자 부담을 우려하기 때문이다. WSJ는 각국의 경기가 회복되기 전까지는 강력한 부동산 규제는 시기상조라고 전망했다.

5) 부동산 투자는 ing

이제 처음의 주제로 돌아가 정리를 해보자. 유동성 지표로 보는 부동산 투자 전망! 시중에 돈이 역대 최고로 풀려 유동성이 풍부해졌다. 국가는 매년 화폐를 발행하고 화폐 가치 하락에 따른 인플레이션으로 인해 실물 자산의 가치는 매년 상승한다. 인플레이션 헤지(*화폐 가치 하락으로 인한 손실을 막기 위해 주식, 토지, 건물, 상품 등을 구입하는 것)를 위해 부증성과 영속성을 가진 투자처를 찾는 것만이 답이다. 부동산은 양이 고정돼 있고(부증성), 소모되지 않으니 변하지 않는다.(영속성) 혹자는 부동산 공급이 많아지는 2023년, 2025년, 2030년에 부동산 가격의 하락을 전망한다. 그러니 일단 기다리라고. 또, 그 시기에 맞춰 투자 계획을 세우는 사람도 있다. 경험상 어느 시기, 어느 정부에서든 무리해 집 사지 말라고 했던 말은 다 틀렸다. 시장은 늘 반대로 흘러갔다.

못 믿겠다고? 각설하고 그 역사를 살펴보자. 위의 사진은 2007년~2021년까지의 뉴스 기사이다. 이 정도면 과학 아닌가? 최근까지 '무리하게 집 사지 말라'는 말을 국토부 장관에게 들었다. 언제나 현재가 집값의 꼭대기라고 하지만 돌아보면 지금이 늘 저점이었다. 중요한 것은 물량이 아니다. 물량 과다로 가격이 20% 이상 하락해도 주변에 10억짜리 아파트들은 많을 것이다.

1주택자는 '갈아타기', 다주택자는 '똘똘한 한 채'가 유행이던 시기가 있었다. 가끔 내게도 투자를 고민하는 사람들이 '갈아타기와 똘똘한 한 채 뭐가 좋을까요?' 묻곤 한다. 나의 대답은 둘 다 NO!

6) 무조건 다주택자가 돼라.

내가 가진 집값이 상승해도 팔아서 상위 급지로 이동하기 힘들다. 상위 급지는 더 오르기 때문이다. 그러면 동일 급지는? 동일 급지 역시 어려울 것이다. 거래 비용이 크기 때문이다. 다주택자가 되어야 기회라도 잡을 수 있다. 유동성 지표로 전망한다면 향후 부동산 가격이 내려갈 일은 몇 년 동안 없을 것이다. 금리 인상, 공급 등 다양한 이유로 정체 시기가 올 수 있겠지만 장기하락은 없다고 생각한다. 2006년 경제면이 집값 과열 뉴스로 도배됐던 것을 기억하자. 비싸게 샀어도 시간이 지나면 늘 그때가 잘 산 것이다.

마지막으로 당부하고 싶은 말은 감언이설에 속아 묻지마 투자를 하는 것도 지양해야 하지만 돌다리만 지나치게 두들겨보는 것도 능사는 아니라는 것이다. 스스로 공부하고 현명하게 투자하여 부의 양극화에서 살아남기를.

05.
왜 부동산, 주택에 투자해야 하는가

　세계적인 팬데믹과 경제 침체로 부동산 가격이 치솟고 있다. 부동산에 대한 관심이 높아지면서 가격 하락 및 규제 정책 변동 우려가 꾸준히 제기되고 있다. 이 때문에 신규로 진입하려는 투자자도 불안하여 선뜻 나서기가 쉽지 않다. 경제 침체기에 사람은 안전을 추구하는 심리상 유동성이 높은 현금을 보유하려고 하는 경향이 있다. 그러나 진짜 안전을 위해 투자하려 한다면 현금은 답이 아니다. 왜 그런가?

　경제 이론에서 현금, 즉 화폐는 금융자산으로, 부동산 및 주택은 실물자산으로 칭한다. 실물자산은 말 그대로 실체가 있어 눈에 보이는 것이다. 금융자산인 화폐가 통장에 찍히는 숫자로 보이는 것과 대비된다. 실물자산은 땅, 건물, 기계 장치 등 그 자체가 재화나 서비스를 생산해내는 자산으로, 직접 경제적 가치나 사회적 부를 창출하지 못하고 간접적으로 공헌한다. 예를 들어 개인이 주택을 보유하고 있다고 해도 그걸 가지고 음식점에 가서 계산할 수는 없다. 직접적인 경제적 가치는 없는 셈이다. 부동산은 실물자산의 대표적인 예다. 이 외에도 금, 달러 등이 실물자산에 속한다.

화폐로 대표되는 금융자산은 우리가 익히 아는 것처럼 기본적인 거래 수단으로 전 세계 경제 체계에서 각국 통화로 가치 교환이 이루어진다. 그렇기에 화폐는 경제의 기본 단위다. 특징에서 알 수 있듯 실물자산은 양적인 한계를 가진다. 동산을 생각하면 쉽게 이해할 수 있다. 기관에서 아무리 주택을 많이 짓고 싶어도 땅에는 한계가 있다. 이와 달리 화폐는 국가의 주도하에 발행량을 조정할 수 있다.

현재 세계 각국은 경제 불황을 타개하기 위해 양적 완화를 통화 정책 기조로 하고 있다. 다른 말로 무한 유동성, 과잉 유동성, 통화 팽창 정책 등으로 불린다. 말 그대로 통화량을 증가시키는 정책이다. 경제가 침체되면 정부는 경직된 시장을 완화하고 물가를 안정시키기 위해, 국민 생활 안정을 위한 정책을 수행하고자 화폐 발행량을 늘린다. 통화량이 증가하여 시장에 풀린 화폐가 늘어나면 어떻게 되는가?

이를 이해하려면 수요와 공급 논리를 생각하면 된다. 수요에는 한계가 있는데 공급하는 양이 늘어나면 해당 자원의 희소성은 감소하고, 가치 역시 하락한다. 만약 석유가 집 앞마당 어디든 파도 나오는 자원이었다면 지금같이 가치가 높은 자산은 아니었을 것이다. 화폐 역시 마찬가지다. 시장에 풀리는 화폐가 늘어나면 화폐의 가치는 감소한다.

1) 통화량이 증가하면 일어나는 현상, 인플레이션

통화량이 증가하면 일어나는 대표적인 현상인 인플레이션은 실물의 흐름에 비하여 통화가 과다하게 팽창하였거나 총수요가 총공급보다 많을 경우에 발생한다. (출처: '인플레이션', 한국민족문화대백과사전) 인플레이션이 발생하면 화폐 가치가 하락하고 물가가 상승한다. 화폐는 가치 교환에 사용되는 거래 수단이므로 그 가치가 떨어지면 구매하고자 하는 물건의 가격이 올라간다. 5년 전 2~3억이었던 주택을 현재 매매하려면 5~6억을 줘야 하는 것이다. 예전에는 500원 동전 하나만 있어도 과자를 살 수 있었지만 지금은 그렇지 않은 것도 마찬가지다. 이처럼 화폐의 가치는 불변하지 않으며 경제의 영향을 크게 받는다. 화폐 시스템 하에서 인플레이션은 피할 수 없는 현상이다. 한 번 증가시킨 화폐 발행량을 줄이는 건 경제가 호전되지 않는 이상 불가능하다.

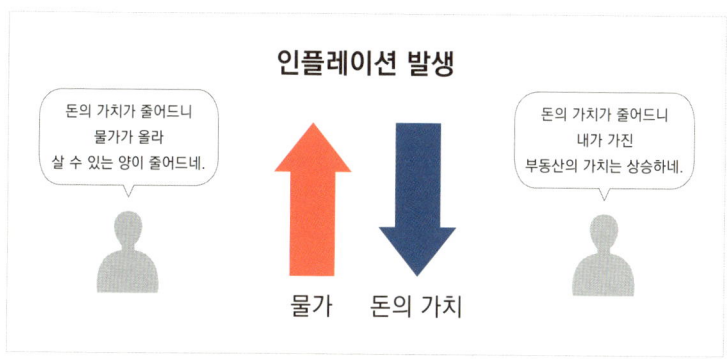

인플레이션이 미치는 각기 다른 영향

현재 세계 각국의 글로벌 금융 정책은 위에 설명한 양적 완화와 더불어 저금리 정책에 기조를 두고 있다. 화폐 가치가 떨어지면서 금리 또한 하락한다. 따라서 저축에 붙는 금리로는 실물자산의 가치 상승 곡선을 따라잡을 수 없다. 실물자산, 즉 부동산에 투자해야 하는 이유가 여기에 있다. 실물자산은 공급이 한정되어 있어 화폐처럼 발행량을 쉽게 늘릴 수 없다. 이 때문에 시장 가격 변동 위험성이 화폐보다 적다.

브라운스톤의 저서 《부의 인문학》에는 이를 극명하게 보여주는 이야기가 나온다. 내 집 마련이 목표였던 A는 안 먹고 안 입고 남들 다 가는 해외여행 한 번 안 가고 악착같이 돈을 모았다. 이렇게 5년 간 모은 금액이 2억이었다. 그런데 A는 어느 날 쓸 거 다 쓰고 철마다 해외여행을 다닌 친구 B가 1년 전 빚을 얻어 산 집이 1년 만에 2억 원이 올랐다는 이야기를 듣고 회의감에 빠졌다. 이는 주변에서 쉽게 찾아볼 수 있는 일이다. 앞으로 화폐 가치는 발행량 증가로 꾸준히 하락할 수밖에 없으며 저축만으로는 내가 원하는 수준의 투자 이익을 얻을 수 없다. 제일 안전한 자산은 금융자산이 아니다. 실물자산이 곧 안전 자산이다.

2) 왜 부동산인가?

부동산은 실물자산을 얘기할 때 가장 먼저 거론된다. 자산 증식을 목표로 할 때 가장 빠르고 안전한 수단이기 때문이다. 대한민국 직장인 대부분의 목표는 '내 집 마련'이다. 결혼을 계획할 때도 주택이 가장 중요한 문제로 대두된다. 자녀를 양육할 때도 거주하는 주택이 어느 학군에 속하는지를 따진다. 이처럼 부동산은 우리 삶과 밀접한 관계를 맺고 있고, 실생활에 반드시 필요하기에 수요가 끊이지 않는다. 경제 상황과 상관없이 사람들은 길에서 살지 않는다. 그리고 더 좋은 곳에서 살기를 희망한다.

부동산은 다른 금융 상품에 비해 안정적이다. 대표적인 투자 금융 상품인 주식이나 펀드는 변동성이 매우 크다. 하루아침에 수십 퍼센트의 수익을 내다가도 다음날에 곤두박질치기도 한다. 그에 비하면 부동산은 변동성이 크지 않다. 상대적으로 거래 방식이 다른 금융 상품에 비해 복잡하고, 구매 결정까지 훨씬 신중하게 이뤄지기 때문이다. 게다가 부동산 가격은 한 번 오르면 쉽게 떨어지지 않는다. 이를 하방 경직성이라고 한다. 부동산의 하방 경직성은 주식, 채권 등 다른 금융 상품과 비교해도 월등히 큰 편이다.

아이러니하게도 부동산 가격은 규제 정책이 나오면 더 가파르게 상승하는 경향이 있다. 환경이 변화하므로 주택 보유자들이 거래에 보수적으로 임하기 때문이다. 그러나 새로운 부동산 수요는 끊이지 않고 늘어난다. 신혼부부, 독립 1인 가구, 자녀 양육을 위해 이사를 희망하는 가족 등 수요층은 항상 존재한다. 주택 보유자들은 시장 가격 변동 위험을 방지하고자 부동산 임대료 혹은 매매가를 높여 시장에 내놓는다. 주택은 필수 재화임에도 공급량이 한정되어 있어 구매를 원하는 사람들은 그 가격에 거래할 수밖에 없다. 이처럼 부동산은 규제 정책하에서도 하방 경직성을 유지하는 경향이 있다.

지속적으로 수요가 존재하며 가격이 상승한 이후엔 잘 하락하지 않는 투자 수단. 여기에 안정성까지 높다면? 투자자라면 부동산을 선택할 수밖에 없다. 또한 부동산은 주식, 코인과 달리 보유하고 있으면 활용할 수 있다. 실체가 있기 때문이다. 주택을 보유하고 있으면 내가 살아도 되고 임대를 주어도 된다. "집은 사는 것이 아니라 사는 곳"이라 하지 않았던가? 땅도 마찬가지다. 땅은 그 자리를 뒤엎고 건물을 세우거나 도로를 깔지 않는 이상 거기 그대로 존재한다. (물론 건물을 세우거나 도로를 깔면 투자 수익도 난다.) 그렇기에 '부동산(不動産)'인 것이다. 언제든 휴지 조각이 될 수 있는 주식이나 코인과는 다르다.

다른 투자 수단과 달리 안정성과 수익성을 동시에 잡을 수 있기 때문에 부동산을 선택해야 하는 것이다.

3) 왜 부동산의 가격은 하락하지 않는가? ① 부증성

부동산의 가장 큰 특징으로 '부증성'이 있다. 부동산을 임의로 넓히거나 증가시킬 수 없으며, 아무리 노력해도 토지를 생산하는 게 불가능하다는 이야기다. 전문 용어만 생소할 뿐 우리는 모두 이걸 알고 있다. 토지의 양을 노력으로 늘릴 수 있었다면 애당초 우리나라에 이렇게 많은 아파트가 세워지지 않았을 것이다. 부동산을 향한 끊이지 않는 관심은 여기에서 기인한다.

부증성이라는 특징 때문에 사람들은 부동산, 특히 토지를 개발할 때

그 활용 가치에 대해 신중하게 고심하고 선정한다. 투자 수단으로서의 토지는 '그 용도'를 어떻게 정하냐에 따라 수익이 결정된다고 해도 과언이 아니다. 문제는 토지의 양보다 활용해야 할 일이 더 많다는 것이다. 주택, 아파트, 정부 기관, 기업, 교육 기관, 근린 시설 등이 대표적인 활용 예시다.

이는 토지가 1·2·3차 산업용지와 주거용지, 공공용지 등의 다섯 가지 용도로 쓰이는 것처럼 기본적으로 부동산이 다양한 용도로 사용이 가능한 성격을 가지기 때문이다.[7] 이를 '용도의 다양성'이라고 한다. 부동산의 특성 중 하나다.

당장 20년 전만 해도 누가 연기군의 집값이 이 정도가 될 거라고 예상했겠는가? 연기군은 지금의 세종시다. 2020년 광역시·도 기준으로 집값이 가장 많이 뛴 지역이 세종시였다. 상승률은 무려 37.05%다.

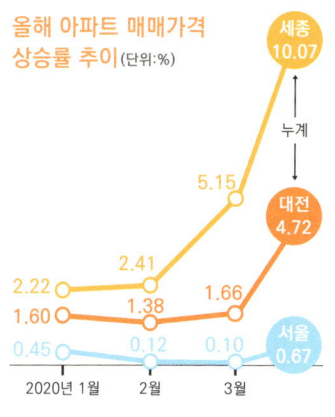

이미지는 2020년 4월 보도된 아파트 매매 가격 상승률 추이를 나타낸 자료다. 이에 따르면 세종시 인기 단지는 일주일 사이 1억이 오르기도 했다. 3월까지 나타난 상승률만 10.07%로 같은 기간 서울은 0.67% 상승에 그친 것과 비교하면 그야말로 수직 상승한

---

7) 부동산용어사전, 방경식(2011)

것이다. 2002년 참여정부에서 행정수도 이전 이야기가 나온 후, 본격적인 행정수도 이전 정책으로 정부 부처와 전문 인력이 세종시로 내려오면서 부동산 수요가 높아졌다. 목장, 과수원, 농작물 재배를 주요 생업으로 삼는 군 단위의 땅이 행정수도가 되면서 청사가 들어서고 아파트가 올라갔다. 자연스럽게 상권이 형성되었고 이에 따라 인구도 증가했다. 땅값이 오르는 건 당연한 수순이었다.

이로 인해 발생하는 또 다른 현상 중 하나는 사람에게 독점욕과 소유욕을 갖게 한다는 것이다. 실제로 부동산 가격에 관여하는 요인 중 하나는 인간의 욕망이다. 삶에 있어 필수적인 재화가 한정되어 있어 희소성을 가진다면 욕심이 드는 건 당연한 일이다.

이처럼 토지의 양은 한정되어 있고, 토지를 개발하여 활용할 일은 지천에 널려 있다. 부동산을 가지고 싶어하는 인간의 욕망 역시 인류가 존재하는 이상 지속적으로 나타난다. 그러나 토지에 주택이나 아파트 등 건물이 들어서면 향후 수십 년간은 그 용도 그대로 유지된다. 활용 가치를 인정받아 개발된 토지는 사라진 것이나 다름없다. 건물을 세운다고 그 지대만큼 새로운 토지가 다시 생산되지 않기 때문이다. 간혹 매립지를 예로 들어 '토지의 양은 증가할 수 있다'고 말하는 걸 볼 수 있는데, 이는 용도가 전환된 것뿐 토지의 절대량이 증가한 게 아니다. 가격이 상승할 수밖에 없는 메커니즘이다. 결국 지금 당장 활용 가치가 없어 보이는 토지나 임야도 '가치가 없다'고 단정할 수 없다. 미래에 어떤 용도로 어떻게 활용될지 알 수 없지 않은가. 부동산 가격이 웬만해선 하락하지 않고, 투자해도 손해 보지 않는 이유가 여기에 있다.

4) 왜 부동산의 가격은 하락하지 않는가? ② 개별성과 비대체성

부동산의 자연 특성 중 개별성이라는 개념이 있다. 개별성을 이해하려면 사람을 생각하면 쉽다. 우리는 모두 '인간'이라는 동일종이지만 그 중 아예 똑같은 사람은 찾을 수 없다. 76억의 인구가 개별적인 자신만의 특성을 가진다. 부동산도 마찬가지다.

부동산 중 토지만 봐도 위치, 경관, 지형, 지세, 지반, 주변 환경 등이 완전히 동일한 곳은 없다. 동일하게 지어진 건물은 똑같다고 착각하기 쉽지만 자리 잡은 위치가 달라 완전히 같다고 할 수 없다. 즉, 모든 부동산은 하나하나 독특한 개성을 가진다. 이처럼 물적 상태의 동일한 부동산은 하나밖에 없는 성질을 개별성이라고 한다. 개별적이라는 건 바꿔 말하면 대체하기 어렵다는 것과 같다. 다시 사람을 생각해보자. '나'라는 사람을 다른 이가 대체할 수 있는가? 그럴 수 없다. 물론 부동산은 사람처럼 아예 대체할 수 없는 정도는 아니다. 물리적인 면에서는 비대체적이나 이용 측면에서는 대체성을 가질 수 있다. 그러나 개별성이 강하여 시장에서 대체성이 떨어질 수밖에 없다. 이를 부동산의 비대체성이라고 한다.

개별성과 비대체성 때문에 부동산의 가격이나 수익은 개별로 형성된다. 일물일가의 법칙이 적용되지 않는다. 일물일가의 법칙은 효율적인 시장에서 모든 개별적인 상품은 하나의 고정적인 가격을 지녀야 한다는 내용의 법칙이다. 같은 상품에 부여된 가격이 동일해야 세계적으로도 거래가 가능하기 때문이다. 부동산은 이론상 '같은 상품'이 하나도 없기 때문에 일물일가의 법칙이 적용되지 않고 개별가가 적용되는 것이다. 이렇다 보니 다른 부동산 간의 비교도 어렵고, 시장에서 상품 간의 대체 관계 역시 제약된다. 부동산 활동이나 현상도 개별화되며 부동산 평가에서 표준지 선정 및 가치 판단 기준의 객관화 역시 어려워진다. 이로 인해 택지의 개별 요인을 생기게 하여 개별 분석이 필요하게 된다. 각기 다른 부동산 분석 이론이 쏟아져 나오는 이유다. 학문에서 원리를 도출하고 이론을 전개시키는 건 연구 대상의 동일성을 전제로 하는데 부동산은 개별성을 가지므로 연구 자체가 어려운 것이다.

개별성으로 인해 부동산의 시장 정보 수집과 개별 가치 추계가 어려워지면 거래 비용이 올라간다. 대상 부동산과 다른 부동산 간 비교가 어렵고, 표준 가격이 없으며, 분석이 개별적으로 이뤄지기 때문에 그럴 수밖에 없다. 이는 앞으로 부동산이 거래되는 한 지속적으로 나타날 현상이다.

또한 개별성은 개개인의 부동산이 독점화되도록 한다. 투자 기준을 어디에 두느냐에 따라 상이하겠으나 만약 투자를 결정해서 부동산을 보유하게 되면 그 부동산은 이 세상에 단 하나밖에 없는 상품이므로 내가 독점한 셈이 된다. 물론 그 독점 효과를 누리려면 투자할 부동산을 제대로 고르는 게 중요하겠지만. 대체가 어렵고 독점적인 재화의 가격은 상승할 확률이 높은가, 하락할 확률이 높은가? 생각하면 답이 나온다.

5) 부동산을 보유하는 것 자체가 이익이다

앞에서 '왜 부동산인가?'에 대해 안정성, 수익성과 하방 경직성, 부증성, 개별성과 비대체성에 대해 이야기했다. '하이 리스크, 하이 리턴'이라는 말처럼 수익성이 높은 투자 수단은 낮은 안정성을 가지는 것에 비해 부동산은 높은 안정성과 수익성을 동시에 가지는 투자 수단이다. 특히 한 번 가격이 상승하면 웬만해선 내려가지 않는다. 수요는 지속적으로 존재하는 데 비해 부동산은 인위적으로 생산할 수 없으며 개별성이 있어 대체되지 않기 때문이다.

결국 부동산은 가지고 있는 것만으로 이익이 된다. 주택을 예로 들어 생각해보자. 우리는 집에 살아야 한다. 위에 말했듯 사람은 길에서 살지 않는다. 자가가 없는 사람은 대부분 월세나 전세로 타인의 집을 임대해서 살게 된다. 월세 임차인은 매달 임대료와 공과금을 부담해야 한다. 월세는 내가 거주하는 공간에 대한 대가를 지불하는 개념이므로 사실상 사라지는 돈이다. 투자나 저축과는 다르다. 월세가 아무리 저렴해도 몇십만 원을 넘어가는 걸 생각하면 아까울 수밖에 없다.

그렇다면 전세는 어떤가? 전세로 거주하면 계약 기간 이후 임대인에게 보증금을 그대로 돌려받으므로 일견 손해를 보지 않는 것처럼 느껴진다. 취득세나 중개 보수, 보유세 등 비용 부분에서 자유롭기 때문에 더욱 그렇다. 그러나 여기서 우리는 물가 상승률을 간과하고 있다.

똑같은 3억 원이라 해도 2018년의 3억 원과 2020년의 3억 원은 다르다. 물가 상승률 때문이다. 만약 2년 동안 물가가 5% 오른다고 가정하면, 2년 후 3억 원의 실제 가치는 약 2.86억 원으로 줄어든다. 전세 보증금을 돌려받아도 같은 금액으로 돌려받는 게 아닌 것이다.[8] 이 때문에 ≪지금부터 부동산 투자해도 부자가 될 수 있다≫의 저자 민경남은 전세로 거주한다는 것은 기본적으로 주택 가격이 하락하는 쪽에 투자하는 것이라고 했다. 결국 주거 안정성은 물론 수익성 면에서도 자가를 소유한 사람이 가장 이익을 보는 구조다.

---

8) 지금부터 부동산 투자해도 부자가 될 수 있다, 민경남(위즈덤하우스, 2018)

B.
주택의 종류 총망라

06. 공동주택 (1) – 아파트, 연립주택
07. 공동주택 (2) – 다세대주택, 기숙사
08. 단독주택 (1) – 단독주택, 다중주택
09. 단독주택 (2) – 다가구, 공관

B.
주택의 종류 총망라

정기적인 수입을 기대할 수 있기에, 주택에 대한 관심도는 점차 높아지고 있다. 시간이 흐를수록 가격이 오르면 오르지, 떨어지지 않는 주택의 특성. 그 덕분에 주택 투자에 대해 관심은 생겼는데, 무엇이 주택에 속하는지 아리송한 독자도 있을 것이다. 흔히 부동산은 주거용과 상업용, 두 가지로 나뉘어 왔기 때문에, 우리에게 보편적으로 부동산 투자라는 이름으로만 인식되어 있다. 그러나 부동산은 종류가 다양하고, 또 그 안에서도 주택은 주거용으로만 구매하는 것이 아니기 때문에 그 종류에 대해 명확히 알고 가는 것이 좋다. 주택은 부동산 중에서도 선택의 폭이 넓다. 먼저 어떤 형태의 주택에 투자할지 종류를 알아보고 자신에게 안전하고 유리한 선택을 하는 것이 필요하다.

06.
공동주택 (1) - 아파트, 연립주택

1) 한국인의 절반은 아파트에 산다

 한국인은 어디에 살고 있을까? 여러 주거 형태 중 가장 많은 비중을 차지하는 것은 무엇일까. 통계청이 지난해 8월 발표한 '2019년 인구 주택 총조사'에 따르면 아파트에서 거주하는 가구는 51.5%로 나타났다. 전체 주택 중 아파트가 차지하는 비율은 62.3%나 된다.[9]

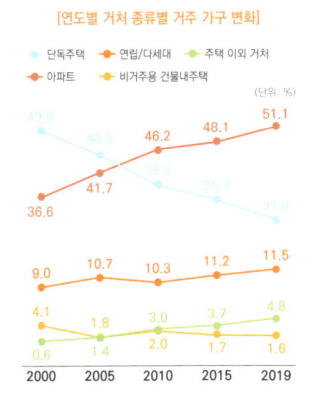

9) 출처 : 통계청

B. 주택의 종류 총망라 83

다시 말해 한국인의 절반은 아파트에 살고 있으며 우리나라 주택 10채 중 6채는 아파트라는 뜻이다. 1960년 주택 총조사 이후 아파트가 차지하는 비중이 가장 크게 나타났다. 20년 전만 해도 아파트에 거주하는 가구는 전체의 36.6%, 아파트가 차지하는 비율은 47.8%였다.

그뿐 아니다. 국토교통부의 '2019년 주거 실태 조사' 결과, 67.1%가 이사 희망 주택 유형 중 아파트로 이사할 계획이라고 밝혔다. 이 비율은 앞으로 줄어들 가능성은 적어 보인다. 이러한 결과가 의미하는 것은 딱 하나, 아파트 선호도가 점점 높아지고 있으며 이 현상은 계속될 거라는 것.

주변을 둘러보라. 도심의 빼곡한 아파트 단지와 신축 공사가 한창인 모습은 너무나 익숙하다. 도심을 벗어난 외곽도 예외는 아니다. 그중 한 곳이 내 집이면 기쁘고, 곧 내 집이 될 것이라 설레고, 언젠가는 내 집이 되기를 소망하며 청약 시장의 열기가 뜨겁다. 우리나라에서 집, 특히 아파트는 단순한 주거 공간을 넘어 부의 상징이요, 부를 증식하는 수단으로 사회적 신분의 표상이 되기도 한다. 누군가 강남에 아파트 한 채가 있다고 말하면 우리는 그를 부자라고 인식하지 않나. 그만큼 아파트는 한국인이 가장 선호하는 대표적인 주거 형태가 된 것이다.

2) 아파트의 진화는 계속된다!

과거에도 현재도 '한국인의 꿈'인 아파트. 그리고 미래 '신분 상승의 수단'으로 주거 선호도 1위인 아파트. 아파트의 뜨거운 인기 요인은 무엇이며, 부동산 시장에서 아파트는 왜 투자 가치가 높은 걸까? 이번 파트에서는 아파트가 주거용으로도 투자 목적으로도 높은 평가를 받는 이유를 살펴보려고 한다. 이에 앞서 먼저, 아파트의 개념과 역사를 알아보자. 아파트의 시대적 흐름을 따라가다 보면 왜 '아파트 투자는 불패(不敗)'인지 조금은 알게 될 테니.

아파트는 건축법상 '5층 이상 건물에 20가구 이상이 독립적으로 생활하는 공동주택'을 말한다. 해방 이후 급속한 경제 성장과 도시화, 산업화를 겪으면서 탄생한 것이 아파트다. 땅은 좁은데 인구는 많으니 당연히 주택 부족이 골칫거리였고 이를 해결하기 위해 집을 높이 쌓아 올리기 시작했다.

최초의 아파트는 1932년 주택난 해소를 위해 서울 서대문구 충정로에 세워진 '충정아파트'다. 일본인 건물주 도요타(豊田)의 한국식 발음인 풍전아파트라고 부르다가 유림아파트로 바뀌었다. 충정아파트는 지금 우리에게 익숙한 아파트의 모습과는 사뭇 다르다. 이때만 해도 단독 주택을 주로 지었고 기술도 부족했기에 고층 아파트나 단지형 아파트로 짓지 않았다.

해방 이후 1958년, '종암아파트'가 4~5층 높이의 3개 동으로 건설됐다. 그 후 '행촌아파트', '개명아파트'가 들어섰는데 모두 단지형 아파트가 아닌 단독 건물에 그쳤다. 60년대에 들어서면서 단지 개념이 도입된 최초의 아파트가 들어서는데 엘리베이터와 중앙난방 시스템이 설치된 6층 높이 10개 동으로 건립된 '마포아파트'다. '생활 혁명'을 내건 한국 아파트 1세대이자 근대식 아파트의 등장이었다. 아파트의 새로운 전환기를 활짝 연 마포아파트 이후 60년대 중반부터는 도시 재개발 사업과 사회적 요구에 힘입어 아파트의 양적 성장이 진행됐다.

70년대부터 인구 증가, 핵가족화로 인한 가구 수의 증가, 도시화가 진행되자 주택난 해소와 무허가 건물 정비를 목적으로 대규모 아파트 단지가 조성됐다. 민간 건설업체가 적극적으로 아파트 시장에 뛰어들어 아파트의 양적 팽창이 본격적으로 시작됐던 시기이기도 했다. 서울시 여의도에 시범적으로 지어 1971년에 완공된 12층의 '여의도 시범 아파트'는 최초의 고층 아파트다. 아파트는 튼튼하면서도 고급스러운 주거 형태라는 것을 알린 사례이기도 하다.

1980년대 내내 아파트 건설은 계속된다. 주택공사를 비롯해 국내 크고 작은 민간 기업이 안정적인 주택 공급에 힘을 보탰다. 25평 이하 중·소형 아파트와 4, 50평의 중·대형 아파트 등 다양한 형태의 아파트가 보급됐고 단지 배치와 주변 환경과의 조화를 고려하기 시작했다.

양적 성장을 넘어 질적 성장의 시기였던 90년대, 마포 아파트가 철거되면서 1세대 아파트의 시대가 끝났다. 택지 가격 상승, 분양 가격 규제로 인해 주거 단지의 초고층화와 고밀도화가 진행됐고 아파트는 한국의 보편적인 주거 형태이자 중산층의 상징으로 떠올랐다. 60년부터 쌓아온 기술력으로 20~30층의 고층 아파트 건설이 시작된 것도 바로 이 시기이며, 분양가 자율화로 민간 건설업체가 고급화 전략을 펼친 결과 다채로운 디자인이 등장했다. 그러나 모두 같은 디자인에 빼곡하게 들어선 2세대 아파트는 '성냥갑' 이미지가 따라붙기도 했다.

아파트 브랜드화의 바람으로 고급화, 차별화를 추구하기 시작한 것은 2000년대에 들어서면서부터다. 그전까지 동네 이름에 건설사 이름을 붙였던 아파트 작명법에서 벗어나 3세대 아파트에는 고유 이미지를 가진 브랜드가 등장했다. 이 시기 아파트 이름만 잘 지어도 홍보 효과는 대단했다. 우리가 잘 아는 '래미안', '푸르지오', '자이' 같은 이름이 그렇지 않은가.

3세대 아파트는 주거 공간의 품격을 한층 끌어올렸다. 단순히 고급 건축재 등 외적인 요소를 넘어 입주민의 편의와 생활에 초점을 맞춘 것이 특징이다. 이와 동시에 상업 용지에 '부의 상징'이었던 주상 복합 아파트를 짓기도 했다.

2010년대 후반이 되자 아파트가 단순히 주거 공간이 아닌 투자와 재테크의 수단으로 주목받기 시작했다. 저금리 기조로 자금은 부동산 시장으로 흘러들었고 2013년 평균 매매가 5억 원 수준이던 서울 아파트 가격은 2020년 10억 원을 넘었다. 2021년 현재, 아파트 건축 기술은 점점 더 진보하고 있으며 단지 내 다양한 테마 시설을 조성하는 것은 물론 IT와 IoT, AI 등 최첨단 과학 기술을 접목하는 등 특색 있는 공간으로 거듭나는 중이다.

3) 아파트 = 투자 불패?

앞서 살펴봤듯이 아파트는 우리나라의 발전 속도와 사회 분위기에 따라 진화해왔다. 그 과정에서 집의 의미와 아파트의 의미가 달라졌다. 특별한 품격과 가치를 지닌 아파트는 사람들이 가장 살고 싶어하는 곳이자 투자 가치마저 충분한 참 고마운 상품이 되었다.

우리는 집을 선택할 때 어떤 것을 고려하는가? 편리성, 교통망, 쾌적성, 주변 환경, 근린 시설 등 자신의 기준을 만족시킬 집을 고른다. 어느덧 집은 주거 공간인 동시에 투자의 대상이라는 인식이 생겨나면서 사용 가치와 함께 향후 교환 가치까지 깊이 고민하게 된다.

우리나라 부동산 시장에서 가장 대중적이면서 선호도가 높은 것은 역시 '아파트'다. 아파트는 다른 주거 형태보다 입지 조건이 좋아 경쟁력이 높다. 접근성과 주거 및 교육 환경이 좋고 편리하며 쾌적하다. 각종 편의 시설과 상권은 또 어떤가. 게다가 시세 상승 폭이 큰 편으로 투자 가치가 높다. 그래서 사람들은 부동산 투자를 시작할 때 아파트 투자를 가장 먼저 떠올린다.

주식처럼 오늘 다르고 내일 다른 상품이 아니라 어느 정도 시간을 들여 조금씩 변화하는 것이 바로 아파트다. 수요가 많아 안정적인 투자처이므로 투자에 실패할 확률도 낮다. 특히 '좋은' 아파트라면 가격이 내려갈 일은 거의 없다. 이런 이유로 아파트의 인기는 시들 기미가 보이지 않는다. 앞으로도 사그라지지 않고 더 타오를 것이다. 치솟는 아파트 가격을 보라. 아파트를 투자의 대상으로 인식한 결과다.

많은 사람이 아파트에 살기를 원하고 끊임없이 더 넓은 평수, 더 좋은 입지 조건을 갖춘 곳으로 가길 원한다. 그러다 보니 당연히 아파트 수요는 높을 수밖에. 수요가 높다는 것은 적기에 팔아서 차익을 얻을 수 있다는 뜻이다. 임대 수익과 시세 차익을 노릴 수 있는 아주 매력적인 투자 상품이다. 월세를 주고 매달 임대 소득을 얻을 수도 있고, 전세를 놓아 적은 투자금으로 시세 차익을 얻을 수도 있다.

4) 연립주택, 헷갈리지 않게 개념 정리부터!

붉은 벽돌, 3층 혹은 4층 정도의 높지 않은 층수. 외벽에는 가동, 나동, 다동 혹은 A동, B동, C동 등 동의 구분을 단순하게 표시한 주택. 이렇게 생긴, 어쩐지 정감 가는 주택의 모습을 누구나 한번쯤은 보았을 것이다. 바로 연립주택이다. 우리나라에서는 다세대주택과 더불어 친서민적인 주택으로 오래 사랑받았던 주택이기도 하다. 아파트 공화국 대한민국에서 연립주택의 선호도나 투자 가치는 아파트에 비할 수 없다고들 하지만 잘 고른 연립주택 하나 아파트 못지않을 때도 있으니, 이 파트를 읽고 나면 그동안 잘 몰랐던 연립주택의 매력과 가치를 재발견하는 기회가 될 것이다.

연립주택은 종종 다세대주택과 헷갈리기도 한다. 그러니 어떤 주택을 연립주택이라고 하는지 이번에 확실히 알고 가자.

한 건물에 두 가구 이상이 독립된 주거 생활을 할 수 있도록 지은 4층 이하의 공동주택으로 지하 주차장 면적을 제외한 1개 동의 면적이 660m^2를 초과하는 것이 연립주택이다.

여기서 660m^2에 밑줄 쫙! 660m^2를 초과하면 '연립주택', 660m^2 이하는 '다세대주택'으로 구분하기 때문이다. 정리하면 연립주택은 아파트보다 층수가 작고 다세대주택보다 연면적(*延面積 : 하나의 건축물의 각 층 바닥 면적의 합계)이 큰 주택이다. 건물의 앞뒤로 정원과 뜰을 가질 수 있고 여러 세대가 주차장을 공유하기 때문에 단독주택과 고층 아파트의 장점을 결합한 고급 빌라라고 생각하면 이해가 쉬울 것이다. 아파트보다 적은 토지를 최대한 이용해 건설비를 절약할 수 있고 유지 및 관리비 절감도 연립주택의 특징이다.

5) 서민 주택에서 고급 주택까지

우리나라에서 연립주택이 처음 선을 보인 것은 언제일까. 노동자 합숙소와 산업체 종사자를 위해 주택을 짓기 시작한 1945년 서울 청량리

2동에 지은 2층 4호 연립주택단지가 최초다.

현대식 연립주택의 시초는 '국민부흥주택'으로 1955년 청량리와 신당동에 각각 50동씩 건립됐고, 1동당 4세대가 입주했다.[10] 1963년 대한주택공사가 수유동에 16평 연립주택 26호를 건설하면서 현재와 같은 단지 형태가 됐다. 이후 서울시가 철거민을 위해 1970년 망원동에 지은 30호, 1973년 홍은동 128호, 1975년 영동 연립주택 등 70년대까지 서민을 위한 주거 형태로 건설됐다.

80년대 들어서면서 연립주택의 변화가 시작됐다. 1981년 고소득층을 겨냥해 청담동에 건립된 '효성빌라'가 고급 연립주택의 새로운 시대를 열었다. 효성빌라의 성공으로 1980년대 강남 일대는 '빌라'라는 이름을 붙인 고급 연립주택이 들어섰다. 이후 우리에게도 익숙한 맨션, 타운하우스 등 다양한 이름을 단 연립 단지가 조성됐다. 고급 연립주택들은 주변 아파트보다 비싼 경우가 많았고 아파트가 대세로 자리 잡기 전까지 부동산 시장에서 환영받았다. 그러나 도시 재개발 사업으로 인한 아파트 위주의 공급과 한국인의 아파트 선호도에 밀려 연립주택의 입지는 점점 좁아지기 시작했다.

벽돌로 건물의 하중을 지지하는 구조인 연립주택은 철근과 콘크리트 구조물인 아파트에 비해 노후화가 빨리 진행되고 수명도 짧다. 그뿐 아

---

10) 출처 : 국가기록원

니다. 적은 땅 위에 가구 수를 늘려 더 많이 팔아야 이익을 남기는 부동산 시장에서 단지를 이루기 힘든 연립주택의 비중이 줄어드는 것은 당연한 일이었다.

• 연립주택의 반란

언제라도 재평가받을 수 있고 언제 어떻게 변할지 모르는 것이 부동산의 가치다. 그동안 연립주택은 환금성이 떨어져 집값 상승률이 아파트에 뒤처졌다. 제때 팔기 어려워 제값을 받지 못했고 아파트와 비교했을 때 시장의 규모도 적었다.

서울시 다세대·연립주택 매매 거래량
2020년 8월 18일 기준
단위: 건

연립주택은 아파트보다 주거 환경이 다소 떨어진다는 것이 단점으로 지적되기도 했지만 정작 내부는 아파트의 쾌적함과 편의성 못지않은 곳이 많다. 또한, 전세 가격과 관리비가 저렴하고 다양한 면적과 선택의 폭이 넓다는 것이 장점이다.

2007년 들어 이런 장점이 주목받고 판교 신도시 등 좋은 입지 조건을 갖춘 곳에 고급 주거 단지가 들어서면서 아파트값의 상승률을 추월하기도 했다.

2015년에는 사람들의 관심 밖으로 밀려났던 연립주택에 대한 인식이 아파트 전세난과 저금리의 바람을 타고 바뀌었다. 아파트 전세를 찾다 힘에 부친 세입자들이 연립주택에 관심을 두기 시작했고 늘어난 수요와 함께 신축이 활발해졌다.

 집값은 내려갈 줄을 모르고 전셋값도 크게 오르자 아파트보다 저렴하고 규제도 덜한 다세대·연립주택으로 투자 수요가 몰리기 시작했다. 서울부동산정보광장에 따르면 2020년 7월 서울의 다세대·연립주택 매매 건수는 7,008건으로 2008년 4월 7,686건 이후 12년 만에 최고치를 기록했다. 1~5월까지 5천 건을 밑돌던 거래량이 갑작스럽게 폭증한 것이다.

 정부가 발표한 6.17 부동산 대책도 한몫했다. 규제 지역에서 3억 원 이상의 아파트를 신규 매입할 때, 매수자의 기존 전세자금 대출을 제한했다. 다세대·연립주택은 적용 대상에서 벗어나 '갭투자'가 가능한 것도 상대적 호재로 작용한 것이다. 또한 규제 지역이라도 공시가 1억 이하 매물을 취득 시엔 취득세 중과가 되지 않으니, 저렴한 연립이나 다세대 주택들로 다주택자들의 투자 수요가 늘어났다. 정부의 부동산 규제가 아파트만 겨냥했으니 다세대·연립주택에 투자자들이 몰려든 것이다. 7.10 부동산 대책에서는 주택 임대사업 등록제도를 대대적으로 손질하면서 다세대·연립주택, 오피스텔 등은 세제 혜택을 유지해 아파트 거래량을 넘어섰다.

그간 실수요자들과 여유 자금 투자자들에게 연립주택은 그다지 매력적인 상품은 아니었을 것이다. 그러나 부동산 시장이 변화하자 '잘 사둔 연립주택, 아파트 안 부러울 수도 있겠다'라는 생각에 거래량이 증가세를 보이는 추세다. 아파트에 견주어도 손색없는 연립주택도 많을 것이다. 그러나 건물 누수, 방음 여부, 주차장 확보 상태 등 여러 가지로 미흡한 매물도 많으므로 계약 전 꼼꼼히 살펴봐야 한다. 실수요자는 신축한 연립주택을, 재개발 투자를 고려 중인 투자자는 본인의 상황에 맞는 연립주택을 구매하는 것이 좋다.

여기서 팁 하나! 재개발 투자가 아닐 때는 '대체 수요'가 많은 지역이 좋다. 아파트가 많고 아파트 공급도 넘쳐나는 지역은 아파트를 대체할 다른 주택 유형에 관심을 보일 일이 적기 때문에 대체 수요가 적다. 따라서, 아파트 대체 수요가 많은 도심 지역에 연립주택 수요도 높다고 보면 된다.

연립주택 투자 시 가장 큰 쟁점은 '환금성'이다. 자산 가치와 환금성이 떨어져 아파트만큼 거래가 활발한 것도 아니고 가격 상승이나 하락폭이 작다. 따라서, 수익률 손해를 보지 않고 똑똑한 투자를 하기 위해서는 싸다고 무조건 사지 말고 신중에 신중을 더해야 한다.

07.
공동주택 (2) - 다세대주택, 기숙사

1) 다세대주택? 단어 안에 답이 있다

　공동주택 중에서도 다세대주택은 부동산 초보자들이 이해하기 다소 헷갈리는 개념이다. 그러나 부동산 투자를 진행하는 데 있어 매우 빈번하게 언급되는 상품군인만큼, 반드시 이해할 필요가 있다. 기본적인 개념부터 실제 투자할 때 주의해야 할 점까지 두루 살펴야 한다.

　사전적 의미는 말 그대로 2개 이상의 多세대가 함께 있는 주택이다. 하나의 건물 안에 여러 가구가 살고 있는 형태를 갖추되 4층 이하의 영구 건물이어야 한다. 또한 연면적 660m² 이하(약 200평) 조건도 갖추어야 한다. 건축을 진행했을 때에 '다세대주택'으로 허가받은 주택을 통칭하는 말이다. 세대별로 개별 소유가 가능하다는 점에서는 다른 공동주택(아파트, 연립주택)과 공통점을 갖고 있다.

공동주택 중 다세대주택은 아파트만큼이나 우리 주변에서 쉽게 찾아볼 수 있는 부동산 상품이다. ○○빌라, ○○맨션 이름이 붙은 건물을 본 적이 있을 것이다. 이들이 대부분 다세대주택에 포함된다. 그중에서도 빌라(빌리지)는 다세대주택의 가장 흔한 케이스이다. 그러므로 빌라 분양 상품을 알아보고자 한다면, 세부적인 특징을 빠르게 찾기 위해 다세대주택의 특징을 알아보면 좋다. 물론 예외적인 경우도 있다. ○○빌라 이름을 갖추고 있지만, 특수하게 근린생활시설을 개조한 경우는 다세대주택이라고 확언하기가 어렵다. 이러한 경우를 제외하면 대부분의 빌라/맨션들이 다세대주택이다. 즉 쉽게 찾아볼 수 있는 분양 상품 대상이 된다.

2) 다세대주택, 한계를 너머 플러스 알파로

　다세대주택의 기준에 대하여 좀 더 디테일하게 알아보자. 이러한 다세대주택의 기준 면적이 660m^2이므로 꽤나 작다고 여기는 사람들이 있다. 하지만 주의해야 할 점은, 660m^2 기준 면적 안에 발코니는 제외된다는 것이다. 발코니는 일반적으로 '서비스 면적'에 해당되기 때문이다. 그러므로 발코니까지 포함하여 실제 건축되는 면적을 살펴보면 660m^2를 훌쩍 넘는 경우가 다수이다. 사업성이 해당 기준 면적 안에 제한돼 있지 않으므로 포괄적으로 살펴볼 필요가 있다.

　또한 기준 층수에도 세부 내용이 숨어있다. 층수가 4개 층 이하인 주택으로 규모를 한정 짓고 있지만 그 안에 지하 층수는 산입되지 않는다.

즉 B1 + 1, 2, 3, 4층, 도합 5개의 층을 갖고 있더라도 다세대주택 허가를 받을 수 있다. 물론 지하층의 경우 다세대 주거 용도로 건축하기는 어렵다. 대부분의 지자체는 이를 불허하고 있다.

다만, 지하층에 주차장, 근린생활시설 등을 건축하는 선택은 문제가 되지 않는다. 또한 지상 4개 층에 필로티(piloti) 구조 주차장은 제외된다. 필로티 구조란 지상에 층을 띄워 주차장을 만든 형태이다. 최신 빌라에서 쉽게 찾아볼 수 있다. 빌라에 다리가 달린 것처럼 바닥에서 한 층 높이 정도 띄워져 있고 그 공간에 주차장이나 택배보관함, 현관 등이 설치된 경우를 많이 보았을 것이다. 이것이 필로티 구조이다. 이 필로티 주차장도 4층 범주에는 제외된다. 그렇다면 B1 + 필로티 주차장(실질적1층) + 2, 3, 4, 5층까지 세울 수 있다.

추가로 흥미로운 점이 있다. 지자체에서 규정하고 있는 조건과 부합할 경우 다른 용도의 건축물 수 개를 추가로 올릴 수 있다. 가장 큰 예로는 사무실 용도의 근린생활시설이 있다. 이럴 경우 다세대주택은 일반적 빌라보다 훨씬 큰 규모가 된다. B1 + 필로티 주차장(실질 1층) + 사무실 2, 3층 + 4, 5, 6, 7층까지 가능해지는 셈이다. 물론 근린생활시설을 포함시켜 건축할 때에는 여러 방면으로 규제에 어긋나지 않는지 살펴볼 필요가 있다.

3) 반드시 주택용으로 1층을 더 증축하고 싶다면 어떨까?

방법이 있다. '단지형 다세대주택' 허가를 받으면 된다. 도시형생활주택의 범주 안에 속하는 주택 형태이다. 건축위원회 심의를 받는다는 가정하에 주택으로 쓰는 층수를 5층까지 증축할 수 있다. 즉 다세대주택이면서도 4층+1층이 가능하다는 의미이다. 단지형 다세대주택은 일반 다세대주택보다 좀 더 투자 가치가 높은 상품으로 인식된다. 건축위원회의 심의에 통과하기 위해서는 까다로운 조건을 모두 만족시켜야 하지만, 그것만 통과한다면 훨씬 투자 가치가 높은 상품으로 탈바꿈시킬 수 있다. 마지막으로, 이러한 다세대주택은 한시적인 혜택 대상이 되기도 했다. 주택공급 활성화 방향에 따라, 정부에서는 한시적으로 건축물대장 생성 및 보존등기를 위한 취득세를 면제해주었다.

이러한 특징들을 바탕으로 다세대주택의 거래량이 크게 늘었다. 또한 각종 규제가 고가 아파트에 집중되자 이를 피하기 위한 투자 수요도 늘어났다. 일종의 '풍선효과'로 인식 가능한 상황이지만, 가격만 보고 투자를 결심하는 것은 위험한 일이다. 다세대주택은 아파트보다 세심한 관리가 주기적으로 필요하다. 입지 역시 매우 중요하다. '일주이토삼상'이라고 하지만 주택 임대 자체가 감정 노동이므로 섬세한 선택을 해야 한다. 자신의 상황에 가장 적합한 계획을 구상하는 전략이 필요하다.

현장에 나가 실 매물을 보고 조사를 하여 최적의 답안을 찾도록 하자.

4) 의외로 잘 알지 못하는 투자 상품, 기숙사

기숙사는 가장 개성이 뚜렷한 주택 형태 중 하나다. 학교 또는 공장 등에서 학생이나 종사자들을 위하여 설립한 공간으로, 공동 취사가 가능한 구조를 갖춰야 하며 반대로 독립된 주거 형태를 갖춰선 안 된다. 또한 1개 동의 공동 취사시설 이용 세대 수가 전체의 50% 이상을 차지해야 하는, 우리가 흔히 생각하는 기숙사와 같은 건물이라 할 수 있다. 또한 교육기본법 제 27조 2항에 의거하여 학생복지주택 역시 기숙사의 범주 안에 들어간다.

공동주택에 해당하는 기숙사가 다른 주택과의 차이점이 있다면 주택법 및 지방세특례제한법 안의 정의다. 이 법에서는 기숙사를 공동주택에서 제외하고 있는데, 그래서 기숙사를 매입할 때 공동주택에 적용되는 취등록세율보다 높은 세율이 적용된다. 일반적으로 1억 원 미만 공동주택 취등록세는 1.1%이지만 기숙사의 경우 4.6%를 납부해야 하는 것이다. 이는 상가나 오피스텔과 동일한 세율이므로 투자를 목적으로 하는 사람들에게는 다소 실망스러운 수치로 느껴질 수도 있다.

5) 기숙사와 지식산업센터의 관계

그렇다면 기숙사는 부동산 투자 상품으로 매력이 없을까? 정답은 역시 쉽게 내릴 수 없다. 왜냐하면 '지식산업센터'가 한때 블루칩으로 떠오른 적이 있었기 때문이다. 지식산업센터란 옛 명칭으로 아파트형 공장을 의미하는데, 여러 상업시설을 한곳에 모아 집적효과를 증대시키는 시설을 말한다. 주로 산업단지 관리기관에서 관리가 들어가므로 규모가 크고 정부의 각종 세제혜택을 받는다는 이점이 있다. 이러한 사실로 인해 전국 곳곳에서 생겨난 지식산업센터에 여러 투자자들의 관심이 몰리기도 했다. 이 센터들은 대부분 종사자들을 위한 기숙사를 포함하고 있다.

또한 기숙사는 공동주택이긴 하나 지원시설의 성격이 강하므로 주택수에 포함되지 않는 상품이다. 청약통장 혹은 청약 자격이 필요 없다. 전매 제한 또한 없다. 그러므로 수익형 상품을 찾는 사람들이 단기 차익을 노리기 위해 투자를 많이 결정하기도 했다. 잔금 융자 규제에 해당하는 상품(주택)도 아니라서, 높은 비율의 융자 역시 조달이 가능하다. 지식산업센터가 성공하기만 한다면, 이에 속한 기숙사에 대한 수요도 당연 높아질 것이므로 가치 투자도 노려볼 만하다.

그러나 기숙사가 소속된 학교 혹은 지식산업센터가 흥하지 못할 경우 운명을 함께 하므로 반드시 심사숙고가 필요하다. 입지 지역과 상업 요건, 유동 인구, 해당 도시 정책 방향 등을 고루 살펴야만 한다. 만약 산업센터가 부흥하지 못하면 입주자를 구하기 어려워지므로 공실이 다수 발생하게 된다. 또한 기숙사 주거 조건에 해당하지 않는, 일반 수요자를 입주시킬 수 없다는 단점이 있다.

6) 매력적인 투자 상품이라 할지라도

이처럼 기숙사는 다른 어떤 투자 상품들보다도 규제로부터 자유롭다는 특징이 있다. 또한 가격이 매우 저렴한 편이며 대부분 임대 수익을 만들기 위해 사용된다. 지식산업센터라는 거대 인프라와 함께하므로 이에 대한 파생 효과도 누릴 수 있다. 그러나 모든 투자 상품들이 마찬가지이듯, 기숙사 역시 꼼꼼하게 살펴야 한다.

언택트 시대가 도래한 사회 풍경도 무시 못 할 이유이다. 다른 주택 상품과 달리 기숙사는 '업무'나 '교육' 종사자가 아니면 필요가 없는 상품이다. 만약 사회가 바뀌어 더 이상 물리적 출퇴근이 필요 없어진다면 기숙사에 대한 미래 가치 역시 재평가 받아야 한다. 현명한 투자자라면 이러한 점을 고루 살펴 투자를 진행할 필요가 있겠다. 또한 다세대주택과 마찬가지로 입지 역시 매우 중요하다.

08.
단독주택 (1) - 단독주택, 다중주택

1) 단독주택, 정의부터 파헤치자

단독주택은 말 그대로 한 건물에 한 세대만 사는 주택을 의미한다. 공동주택과 정반대의 개념이다. 대한민국의 주택법은 단독주택을 '한 세대가 하나의 건축물 안에서 독립된 주거생활을 할 수 있는 구조로 된 주택'으로 정의하고 있다.[11] 독립된 주거생활이 가능해야 하므로 취사시설 및 욕실이 주택 안에 갖춰져 있어야 한다. 누구나 한 번쯤 어릴 때 '집을 그려보라'하면 세모 모양의 뾰족한 지붕 아래 네모난 집 한 채를 그려본 경험이 있을 것이다. 집이라고 하면 떠오르는 이 대표적인 이미지가 바로 단독주택이다. 그러나 엄밀히 말하면 이처럼 한 세대가 한 개의 건축물에 거주하는 단독주택은 단독주택의 하위 개념이다. 시행령에서 정의한 단독주택에는 하위 개념으로 단독주택, 다중주택, 다가구주택, 공관이 포함되어 있다.

---

11) 대한민국 주택법 제2조 2항

흔히 '단독주택'하면 가족적인 분위기의 드라마에 흔히 등장하는 전원주택을 떠올리지만 한 세대가 독립적으로 주택에 거주하고 있다면 모두 단독주택으로 들어간다. 때문에 건축양식이 다양한 게 특징이다. 초가집이나 기와집 등의 전통적인 양식은 물론, 슬레이트 지붕을 얹은 조립식 주택, 드라마에나 나올 법한 수영장이 딸린 대저택까지 단독주택으로 볼 수 있다.

2) 단독주택의 장점과 단점

**단독주택의 가장 큰 장점은
한 세대가 온전히 독립된 공간을 사용한다는 것이다.**

주택과 주택 사이에 어느 정도 거리만 있다면 조금 시끄럽게 지내도 주변 사람들에게 피해를 주지 않는다. 층간 소음 걱정이 없기에 활발한 아이를 키우는 부모는 단독주택을 선호하기도 한다. 세탁기, 건조기, 청소기 등 다소 소음이 발생하는 가전도 날씨와 시간에 구애받지 않고 원하는 대로 이용할 수 있다. 집안일을 내 스케줄에 맞춰 눈치 보지 않고 할 수 있는 것이다.

엘리베이터를 이용할 필요가 없어 고장 등의 안전 위험을 우려하지 않아도 되고, 이웃과 불필요하게 마주치지 않아도 된다. 실내 차고가 있으면 주차 역시 걱정할 필요가 없으며 공동주택에 비해 주차된 차로 이동하는 거리도 짧다. 마당이 있는 단독주택의 경우 이 공간을 다양한 용도로 활용할 수도 있다.

최근 코로나19 바이러스로 인해 집에서 커피 한 잔을 즐길 수 있도록 일부 공간을 예쁘게 꾸미는 일명 '홈카페'가 유행이었다. 단독주택에서는 이 '홈카페'를 마당에 꾸밀 수도 있고, 헬스 공간 등 레저 공간으로도 활용 가능하다. 반려동물을 키우는 가구에도 매우 좋은 공간이다. 공동관리비가 없는 것 역시 단독주택의 장점이다. 때문에 실평수가 두 배 이상 넓어지더라도 아파트에 비해 수도, 난방, 전기 등 종합 비용이 더 적은 경우도 많다.

이렇게 보면 좋은 점만 있는 것 같지만 단점도 분명하다. 투자를 위해 단독주택을 매매한다면 실거주 주택이나 아파트보다 훨씬 심사숙고해야 한다. 환금성이 떨어져 판매 차익을 올리기가 어렵기 때문이다. 매매 자체가 공동주택, 특히 아파트에 비해 잘 이뤄지지 않아 파는 데 몇 년이 소요되는 경우도 있다. 당장 팔아야겠다 싶어서 급매로 내놓아도 아파트에 비해 매매로 이어지는 속도가 느린 편이다.

3) 왜 단독주택을 선택하는가?

그렇다면 단독주택으로 이익을 보려면 어떻게 해야 할까? 답은 좋은 단독주택을 찾는 것이다. 여기까지 읽은 독자 입장에선 '그럼 아파트에 투자하면 되지 않나?' 하겠지만, 단독주택만의 이점이 있다. 우선 실거주 주택 겸 투자처로 단독주택을 고른다면 공동주택에 비해 자율성이 보장되어 삶의 질이 올라간다. 책의 서두에 나온 "집은 사는 것이 아니라 사는 곳"이라는 말을 생각해보자. 사는 곳이라는 걸 먼저 고려하면 단독주택은 훌륭한 선택이다.

단독주택만의 투자 이점도 있다. 흔히 부동산 투자하면 아파트를 먼저 떠올리지만 자본력이 있는 투자자와 개발업자들에게 단독주택은 좋은 타깃이다. 용도 변경이 용이하다는 장점 때문이다. 인접해있는 단독주택 2채를 매입하면 빌라, 원룸을 지을 수 있는 규모가 된다. 땅값이 비싼 서울 등의 도시에서는 이 방법으로 상당한 개발 이익을 얻을 수 있다. 실제로 단독주택에 투자하는 사람들은 용도를 변경하여 이익을 남기는 경우가 많다. 오래된 단독주택은 상대적으로 가격이 저렴하기 때문에 헐값에 매입하여 다세대주택, 다가구주택으로 다시 짓거나 혹은 단독주택을 리모델링해 상가나 사무실로 용도를 변경하는 방법이 있다. 특히 요즘에는 단독주택을 개조한 카페나 식당이 SNS에서 감성적인 공간으로 크게 인기를 얻고 있어 용도 변경의 폭이 넓다.

4) 좋은 단독주택을 고르려면?

그렇다면 좋은 주택은 어떻게 고를 수 있는가? 첫 번째로 구도심권보다는 신도심권이 좋다. 구도심권은 슬럼화가 진행된 곳이 많아 수요가 떨어지기 때문이다. 또한 신도심권은 택지개발지구를 따로 지정하여 한국토지주택공사(LH)나 지방자치단체에서 개발지역의 단독 주택용지를 분양하는 탓에 투자가 용이하다. 이 경우 청약 후 공개 추첨 방식으로 분양을 받는다.

국토교통부의 「택지개발업무처리지침」 속 토지이용계획의 용지 분류에 따르면 용지는 크게 주택건설용지와 공공시설용지로 분류된다. 주택건설용지에는 아파트, 연립주택 등의 공동주택용지와 단독주택용지, 근린생활시설용지가 들어가며 공공시설용지에는 도시계획시설, 주거 편익시설, 상업·업무시설, 도시형 공장 등 시설, 농업 관련, 기타 시설 용지가 들어간다. 여기서 점포 겸용 단독주택용지를 분양 받으면 1층에는 점포, 2층 이상부터 주택인 건물을 건축할 수 있다.

2017년 말에 공급 방식을 추첨제에서 경쟁 입찰로 바꾸면서 단독주택용지 낙찰가가 올라가고, 거기다 코로나 팬데믹이 겹쳐 상가 경기가 좋지 않아 인기가 다소 줄었으나 과거에는 경기 성남 판교 신도시 등에서 점포 겸용 공급지가 성공적인 투자 상품으로 꼽혔다. 2016년 LH가 공급한 인천 영종하늘도시의 한 점포 겸용 용지는 9204대 1의 경쟁률을, 2017년 공급된 원주기업도시의 한 점포 겸용 용지는 1만 9341대 1의 경쟁률을 기록하기도 했다. 단독주택용지에 관심이 있다면 신도심권을 골라야 한다.

또한 당연한 말이지만 인프라가 잘 갖춰진 지역의 단독주택을 찾아야 한다. 인프라에서 고려할 기본적인 요소는 지하철 등의 교통, 학군, 쇼핑 문화, 편의 시설 등이다. 경매에 나온 단독주택 매물이나 매매가 잘 안 되어 급매로 나온 단독주택 중 이런 인프라가 잘 갖춰진 매물을 찾는 게 중요하다. 이때 옥석을 가리는 눈이 매우 중요한데 인프라가 모두 완벽히 갖춰진 곳은 이미 가격이 많이 올라 투자 차익을 크게 보기 어렵기 때문이다. 이를테면 상업지 전환이 예상되는 지역이나 지하철 개통 예정지의 단독주택을 구입하는 것도 방법이라 할 수 있다.

유의해야 할 사항도 있다. 인근 지역에 유해시설이나 공장, 폐기물·쓰레기처리장 등 혐오시설이 없는지를 살펴야 한다. 주변에 고압 송전탑이 있거나 주택 위로 고압선이 지나가는 곳도 좋지 않다. 간혹 단독주택 중 역세권이 아닌데도 아래로 지하철이 통과하여 소음이 발생하는 곳이 있다. 이런 곳은 역세권의 이점도 없을뿐더러 소음 때문에 애물단지나 마찬가지다. 단독주택은 층이 낮기 때문에 채광을 방해할 만큼의 높은 건물이 주변에 없는 게 좋고, 마당에 주차 공간이 없다면 인근에 주차 시설이 있는 곳으로 골라야 한다. 별거 아닐 것 같지만 주차 공간이 없는 건 일상생활에 매우 큰 불편을 초래한다.

5) 다중주택이란 무엇인가?

다중주택은 건축법상 단독주택에 해당된다. 다중주택의 정의는 아래의 세 가지 조건으로 설명할 수 있다.

- 학생 또는 직장인 등 여러 사람이 장기간 거주할 수 있는 구조
- 독립된 주거의 형태를 갖추지 아니한 것
- 1개 동의 주택으로 쓰이는 바닥면적의 합계가 330m^2 이하, 주택으로 쓰는 층수(지하층은 제외)가 3개 이하인 것

이 세 가지 조건을 전부 만족해야 다중주택으로 들어간다. 여기서 중요한 것은 2번의 '독립된 주거의 형태를 갖추지 아니한 것'이다. 다중주택은 각 실별로 욕실은 설치할 수 있으나 취사시설은 설치할 수 없다. 독립된 주거가 불가능한 것이다. 대표적인 예시가 대학가에서 흔히 볼 수 있는 하숙집이다. 보통의 하숙집은 각 실별로 욕실을 따로 사용하지만 조리 및 취식은 공동 주방에서 하는 형식을 취하고 있다. 전형적인 다중주택이다. 여기서 다중주택은 하숙 등의 임대 수익을 염두에 두고 있다는 걸 알 수 있다.

흔히 다중주택과 다가구주택을 헷갈리는 경우가 많다. 다가구주택은 연면적 기준이 660m^2 이하이며 독립된 주거의 형태를 갖추는 게 가능하다. 또한 주차시설에서도 차이가 있는데, 다가구주택은 지자체별 조례에 따라 결정되나 대부분 세대당 면적이 30m^2 이하면 가구당 0.5대의

주차 공간을 마련해야 한다. 그러나 다중주택은 건평 297㎡ 이하 2대, 297~330㎡면 3대의 주차 공간만 갖추면 된다. 다중주택의 조건 중 하나가 연면적 330㎡ 이하이므로 아무리 많아도 3대를 수용할 만한 주차 공간만 있으면 된다는 의미다. 쉽게 말해 주차 공간이 매우 협소하고 공동취사시설을 갖추고 있으면 다가구주택이 아니라 다중주택일 확률이 높다.

6) 다중주택에 투자할 만한 이유

다중주택의 가장 큰 장점은 공간 활용도가 매우 높다는 것이다. 땅이 작아도 높은 임대 수익을 얻을 수 있다. 위에 설명한 대로 다중주택은 주차 규제가 약해 주차 시설로 넓은 땅을 사용할 필요가 없다. 1층 전체를 주차장으로 활용하고 2층 이상부터 주택으로 짓는 필로티 양식이 많은 다가구주택과 대비된다.

또한 방 안에 개별 취사시설을 갖추지 않기 때문에 층당 주거 공간을 더 많이 나눌 수 있다. 3층 기준으로 1개 층을 100㎡로 계산한다면 계단 등의 공용면적을 제외해도 각 층당 13~23㎡ 정도 되는 방이 4개씩 나온다. 이 경우 3개 층에 적어도 12개의 방을 만들 수 있다. 거기다 3개 층 이하 기준에 지하 및 반지하층은 계산하지 않으므로 지하층을 활용하면 총 4개 층의 건축도 가능하다. 단 지방자치단체별로 지하층 허가를 내주지 않는 경우도 많기 때문에 이 부분은 반드시 동일할 수 없다는 걸 유의하자. 만일 지하층 활용까지 가능하다면 방은

16개가 된다. 작은 땅으로 16개 방에서 나오는 임대 수익을 얻을 수 있는 것이다. 즉, 적은 투자금으로 상당히 높은 투자 수익률을 올릴 수 있는 것이 다중주택이다.

건축법 시행령 개정으로 다중주택을 상가주택으로 활용하는 것도 가능해졌다. 이전까지는 연면적 330m^2, 3층 이하 기준을 일괄적으로 부여했지만 이제 3개 층을 주택으로 쓰면 1층을 근린시설로 활용하는 것도 가능하다. 단, 건축물대장상 근린시설로 등록되어 있어야 한다. 연면적이 남으면 탑층이나 2층에 근린시설을 추가로 넣는 것도 가능하다. 다중주택은 고시원과 달리 소방시설을 갖춰야 하는 의무가 없어 공용공간이 적은 것도 장점이다. 토지와 건물을 모두 소유한 상태에서 주택임대사업자로 등록하여 절세의 효과까지 얻을 수 있다. 이를 보면 토지비와 건축비를 최대한 줄여서 임대수익을 얻고 싶은 투자자에게는 다중주택이 제격이라고 할 수 있다. 다만 상대적인 단점도 확실하기 때문에 이 부분을 반드시 고려해야 한다.

우선 주차시설이 부족하므로 주차공간이 필요한 임차인에게는 다중주택이 불리하다. 다중주택이 유독 대학가와 고시촌에서 많이 보이는 건 이 때문이다. 다중주택은 기본적으로 1인 가구를 대상으로 한다는 걸 염두에 둬야 한다. 입지에 따라 임대 수익이 많이 나올지 공실이 많이 나올지 잘 따져보아야 한다.

공동취사시설이 불편하여 세입자가 일회용 가스렌지를 이용해 화재의 위험에 노출될 우려가 있다는 것도 단점이다. 실제로 다중주택 화재 사고는 심심치 않게 찾아볼 수 있다. 대부분의 다중주택은 소방시설이 갖춰지지 않아 피해가 더욱 심각하니 유의해야 한다. 건설산업기본법이 개정되어 건축주가 시공을 할 수 없게 된 것도 단점 중 하나다. 시공업자와의 유치권 문제가 발생할 가능성이 높아졌기 때문이다. 다중주택 투자를 고려하고 있다면 이런 부분을 잘 생각해야 한다.

09.
단독주택 (2) - 다가구, 공관

1) 다가구주택, 안정적인 노후 대비처

다가구주택은 꾸준하게 임대 수익을 얻을 수 있는 안정적인 투자처로 노후 대비를 위해 구매하는 사람이 많은 부동산이다. 다가구주택은 다세대주택과 명칭이 유사해 착각할 수 있으니 잘 알아둘 필요가 있다. 다가구주택은 구분이 법률상 단독주택으로 되어있는 만큼 소유자가 한 사람으로 되어있는 것이 특징이다. 아래 그림을 보면 다가구주택과 다세대주택의 차이를 쉽게 알 수 있다.

다가구주택은 단독주택으로 분류되기 때문에 각 호수의 세입자는 개별 등기를 얻을 수 없고, 당연히 호수별로 나눠서 매매, 매도도 불가능하다. 등본을 떼어보면 세대별이 아닌 해당 주택 전체에 관한 한 장만 발급된다. 가장 대표적인 다가구주택은 원룸 건물이다. 이때 주인은 위층에 거주하며 아래층에 세입자들이 거주하는 경우도 많다.

다가구주택 VS 다세대주택

종류	다가구주택	다세대주택
주택층수	3층이하	4층이하
건물 소유주	1인	다수 가능
분양 여부	X	개별 분양
구분등기	X	O
등기부상 건축물 분류	단독주택	공동주택

또한 세부 법률 사항에서도 다른 점이 있다. 다가구주택은 우선 건물 전체 바닥 면적의 합이 $660m^2$ 이하이며, 주택의 전체 층수가 3층 이하여야 한다. 만약 1층을 필로티 구조로 설계해 일부나 전체를 주차장으로 사용하고, 나머지 층은 주거용으로 사용한다면 1층은 제한 층수에서 제외된다. 즉, 1층이 주차장인 필로티 구조의 다가구주택은 4층까지 세울 수 있다. 전체 호수도 19세대 이하로 제한된다.

세금 면에서도 여러모로 차이가 있다. 단독주택이기 때문에 소유자가 1채만 소유하고 있고, 거래 가격이 9억 원 미만이라면 1세대 1주택 양도세 비과세 혜택을 받을 수 있다. 또, 공시가격 9억 원 이하의 주택은 임대 소득도 비과세 대상이 된다. 이때는 임대 사업자로 등록하지 않는 편이 절세 면에서 유리하다. 9억 원을 초과하는 건물이라면, 임대 소득 2,000만 원 이하는 분리 과세, 2,000만 원 초과는 종합 과세가 되는 점도 알아두자.

2) 다가구주택, 이래서 구매한다

다가구주택은 대부분 임대료 수입을 얻으면서도 소유자가 그곳에 거주할 수 있기 때문에 선호하는 경우가 많다. 최근에는 1층에 상가를 입점시켜 더 큰 수익을 내는 다가구주택도 늘고 있다. 이런 주택은 흔히 '상가주택'이라고 부르기도 한다.

더욱이 지하철역 근처 또는 대학가 근처의 다가구주택이라면 꾸준한 수요를 통해 기대 이상의 수입을 올릴 수 있다. 이때는 시세 차익도 노려볼 수 있다. 주변 상권이 성장하면서 임대료와 매매가 상승도 자연스럽게 이뤄지기 때문이다. 매도할 계획이 없다면 공실률을 낮추기에도 큰 도움이 되는 요인이라 할 수 있다.

다가구주택 투자의 핵심은 공실률이다. 소유자가 직접 거주하면 공실률을 일정 비율 낮출 수 있게 된다. 또한 건물에 소유자가 거주하기 때문에 별도의 관리인을 고용할 필요성이 줄고, 관리를 꾸준히 한다면 세입자들에게 좋은 인상을 남길 수 있으니 이 또한 공실률 관리에 큰 도움이 된다. 세입자들이 주택을 고를 때는 완공된 지 오래됐더라도 관리가 잘 되고 있다는 느낌을 주는 매물에 끌리기 마련이다.

3) 다가구주택, 이래서 고민한다

물론 단점도 있다. 첫 번째는 비용이다.

우선 소유자가 주택 관리에 익숙하지 않거나 오래된 다가구주택을 구매했을 때 수리와 관리에 수고와 비용이 만만치 않게 소요된다. 건물의 외관, 지붕, 각 주택별 하자보수를 모두 소유자가 맡아서 처리해야 한다. 더욱이 각 세입자들의 민원을 직접 관리해야 하므로 은퇴 이후 안정적인 임대 수익만을 기대했던 사람이라면 예상치 못했던 부분이 스트레스로 다가온다.

느린 환금성도 단점으로 꼽힌다.

개별 호실에서 창출되는 임대 수익과는 관계없이 주택의 규모가 크고, 전체 가격이 저렴하지 않아 원하는 시기나 가격에 맞춰서 매매하는 것이 어렵다. 여기에 공실률이 높은 상황이 겹친다면 오히려 악재로도 작용할 수 있는 잠재적 위험 요소를 지니고 있다. 때문에 다가구주택은 당장의 시세 차익을 노리기보다는 꾸준하고 안정적인 임대 수익을 원하는 사람에게 적합한 측면이 있다.

시간의 흐름에 따른 기대 수익의 감소도 고려해야 한다.

다가구주택의 평균 수익률은 4% 정도다. 신축 주택에는 평균 이상 수준의 임대료를 매겨도 많은 이들이 찾을 수 있으나 5년 정도의 기간이 지나면 집이 낡아 자연스레 인기가 줄어들며 공실률이 늘어난다. 이때는 일정한 투자를 통해 집을 정비하거나 임대료를 낮추는 방법 등을 고려해야 한다.

4) 구매 전 이것만은 따져보자

다가구주택의 매수는 일반 주택보다 확인해야 할 점이 많은 편이다. 신축 혹은 전부 공실일 경우를 제외하고는 기존 임차인과의 계약도 함께 점검해야 하기 때문이다. 또한 필요에 따라서는 다가구주택이라 하더라도 용도 변경을 통해 다세대주택으로 수선할 수도 있으므로 이를 염두에 둔 사람이라면 더욱 신중히 알아볼 필요가 있다.

첫 번째, 신축이 아닌 기존 건물을 구입할 때는 불법 건축물의 여부를 따져야 한다. 호수가 많을수록 임대 수익이 늘어나는 구조인 탓에 전 소유자가 임의로 방 사이에 칸막이를 설치하거나 옥상에 옥탑방을, 주차장에 방을 추가하는 경우가 많다. 이를 파악하기 위해서는 건축물대장과 건물 도면을 잘 살펴보고 실제 내부와 비교하는 과정이 있어야 한다. 이미 발각된 불법 건축물이 있는 곳이라면 건축물대장 오른쪽 상단에 '위반 건축물'이라는 구분이 적혀 있고 하단에는 상세한 위반 사항도 기재돼 있다.

이런 불법 증축이 적발되면 시정 명령이 떨어져 소유자에게 스스로 시정하도록 한다. 만약 일정기간 이후에도 시정되지 않을 경우 공시지가의 10%에 해당하는 금액이 이행강제금으로 매겨진다. 예를 들어 공시지가 8억 원의 다가구주택 소유자가 불법 증축이 발각되었음에도 시정하지 않았다면? 약 8,000만 원 정도가 이행강제금으로 부과되는 것이다.

이를 잘 살펴봐야 하는 이유는, 이 불법 증축으로 인해 세입자의 전세자금 대출까지 제한되는 경우가 있기 때문이다. 이런 조건이 있다면 세입자에게는 악조건으로 작용해 공실이 늘어날 위험도 당연히 증가한다.
심지어 다가구주택의 경우 벌금이 일회성으로 부과되는 것이 아니라, 시정될 때까지 매년 부과된다. 큰 수익이 기대되는 곳이라면 원상 복구와 양성화에 필요한 금액을 매매 협상 시 유리한 조건으로 내세울 수 있다.

앞서 말했듯이 구매 이후 용도 변경을 거쳐 다가구주택을 다세대주택으로 변경하고자 할 때가 있다. 이를 위해서는 기존 다가구주택이 건축법상 다세대주택 기준에도 부합한지 살펴봐야 한다. 우선 방화벽의 두께가 19cm를 넘어야 한다. 전체 리모델링을 실시해 기준에 충족시킬 수 있지만, 안 나가도 될 비용을 방지하고자 한다면 매매 전 꼼꼼하게 확인해 보도록 하자.

또 필요 주차장의 넓이, 입지에 따른 용도 변경 금지구역 지정 등은 행정구역에 따라 다르므로 별도로 확인해야 한다. 두 주택은 세제 혜택이 다르고, 매수인의 상황, 세제 개편에 따라 달라지는 것이 많으므로 어느 쪽이 나에게 유리한지 따져본 뒤 결정한다.

두 번째, 입지를 잘 봐야 한다. 다가구주택에 거주하는 임차인들은 대다수가 젊은 층의 직장인이므로 그들의 눈높이에서 건물을 골라야 한다. 이럴 때는 직접 발품을 팔며 주변을 확인하는 것이 좋다. 입지가 좋다면 노후된 건물이라도 경쟁력을 유지할 수 있으니 말이다. 또 차량을 소유한 사람이 있을 수 있으므로 주차장 여부와 진입로의 넓이 등도 함께 확인한다.

세 번째, 세입자와의 계약 관계다. 현재 계약 중인 세입자들의 계약서를 확인하고 내용을 대조해본다. 그리고 번거롭더라도 되도록 매수인이 임차인에게 직접 연락해 계약 사항을 체크하는 것을 추천한다.

다가구주택은 매매 시 변수가 많아 이때 임차인이 불안감을 느끼고 계약을 연장하지 않는 경우가 많다. 이렇게 되면 뜻하지 않게 공실이 발생하므로 본래 투자 목적에도 어긋나게 된다. 때문에 손실을 사전 방지하는 측면에서도 꼼꼼한 확인은 필수 요소다. 이렇게 하면 서로가 자연스레 신뢰를 쌓고 임차인에게도 좋은 인상을 줄 수 있다.

계약서는 처음 계약할 때 임대차 계약서 사본을 주고받으며, 잔금을 치를 때 원본을 받는 것이 일반적이다.

이외에는 건물의 노후, 손상 정도도 눈여겨봐야 한다. 이에 대한 책임을 어디에 매기느냐에 따라서 매매 가격이 달라지거나 매매 이후에도 책임 소재를 다툴 여지가 있어서다. 불안하다면 이에 대한 특약을 설정하는 방법도 있지만, 매수인이 미리 파악하는 것이 많은 문제를 사전에 해결하는 지름길이라는 것을 기억하자.

5) 공관이란?

공관은 건축법 제2조 제1항 제2호, 제2항 및 건축법 시행령 제3조의 5에 따라 단독주택으로 구분된 용도의 건물에 해당한다. 일반인들에게는 생소한 주택의 형태다. 공관은 다른 주택처럼 투자를 위해 소개하는 것이 아니고, 법 조항에 포함되어 있으므로 어떤 주택인지 알아두고자 다루려고 한다.

관련 법에서도 공관에 대한 구체적인 설명은 덧붙여 있지 않다. 공관의 사전적 의미는 '정부의 고위 관리가 공적으로 쓰는 저택'으로 실제로도 사전적 의미와 같이 구분한다. 가장 유명한 공관으로는 청와대 관저, 총리 관저 등이 있다. 이외에도 고위 공무원이나 대학, 외교관 등이 사는 곳을 공관이라고 지칭한다. 특히 삼청동은 국무총리, 헌법재판소장, 대통령비서실장 등의 공관이 모여있어 일명 '삼청동 공관촌'이라고 불리기도 한다.

그렇다고 해서 매매가 활발히 일어나는 것도 아니다. 국가 고위직 공관은 위와 같이 별도로 건축돼 관리되고, 해당 주택의 토지 역시 국가에

귀속된 것이므로 대부분은 매물로 나오지 않는다. 만약 매물로 나오는 경우라면 사학재단이나 외교관 공관, 지방 공무원 공관 등이 주로 나올 가능성이 높다.

또한 거래 시 특별히 규제에 걸리거나 별도의 법률적 제약 사항 등은 없다. 분류법상 단독주택에 속하기 때문에 이에 맞춰서 진행하면 된다.

C.

그렇다면 어디서 살아야하나?

10. 전통과 역사의 '역세권'
11. 직주근접의 실현 '일자리'
12. 식지 않는 교육열 '학원가'
13. 전후좌우, 택지를 고려하라
14. 아는 것이 힘이요 돈, '호재 파악'
15. 입장과 퇴장을 함께 생각하라, '환금성'

C.
그렇다면 어디서 살아야 하나?

주택의 가격은 굉장히 복잡한 메커니즘 속에서 움직인다. 묻고 따지지도 않고 아파트라고 해서 무조건 값이 오르지 않고, 다세대주택이라고 처분하기 곤란한 것만은 아니다. 같은 형태의 주택, 아파트라도 각각이 가지고 있는 개별적인 조건의 영향을 훨씬 많이 받는다. 예를 들어 과거부터 지금까지 혐오시설이 있어 저평가된 지역의 다세대주택이 5년 이내 해당 시설 철거를 앞두고 있다면? 이전까지는 구매를 망설였겠지만, 시설 철거 계획 소식 하나만으로도 그곳은 투자할 만한 곳으로 탈바꿈한다. 또 굉장히 오래된 구축 아파트이지만 주변 시설만으로도 서울 여느 신축 아파트보다 비싼 전세를 기꺼이 내게 만드는 곳도 있다. 이를 보면 주택 그 자체보다 주택을 둘러싼 환경이 가격에 얼마나 많은 영향을 끼치는지가 체감될 것이다. 어쩌면 이는 주택 구매의 핵심으로, 어떤 조건이 주택 가격을 좌우하는지는 반드시 알아둬야 한다.

10.
전통과 역사의 '역세권'

 부동산 시장의 트렌드가 아무리 변해도 언제나 중요한 기준이 되는 조건이 있다. 흥행 보증 수표이자 스테디셀러, 역세권이다. 역세권 이야기에 고개를 끄덕이는 독자들이 많을 것이다. 부동산에 그다지 관심이 없는 사람들도 역세권이 땅값, 집값에 큰 영향을 끼친다는 것 정도는 알기 때문이다. 투자자와 수요자의 이목을 집중시키기 위해 '지하철역에서 도보 몇 분', '도보 3분 초역세권' 등의 문구로 홍보하는 것만 봐도 분양 시장에서 역세권의 위상을 충분히 알 수 있다.

 역세권은 왜 중요할까? 과연 어느 범위까지를 역세권이라고 할 수 있을까? 이번 장은 역세권의 개념과 높은 경쟁력의 이유 등 부동산 가격을 좌지우지하는 역세권에 대해 알아보기 위해 준비했다. 동시에 과연 이 역세권이 언제 어느 상황에서나 선호하는 조건인지, 누구나 궁금해할 역세권의 모든 것을 낱낱이 살펴보려 한다.

1) 어디까지가 역세권일까?

역세권 완전 정복을 위해 개념 정리는 필수! 역세권은 지가(地價) 형성 요인을 알아보는 데 아주 중요한 역할을 하므로 부동산 투자 광고에서 수시로 강조하는 것을 볼 수 있다.

역세권(驛勢圈). 단어 그대로 역의 세력이 미치는 범위를 말하며, 역을 중심으로 다양한 상업 및 업무 활동이 이뤄지는 지역이다. 역세권의 범위는 보통 지하철을 중심으로 반경 500m 내외의 지역을 뜻하나 법적으로 명확한 기준도 없고 구체적으로 정의된 것도 아니다. 역에서 도보 5분이라 하더라도 개인의 걸음 속도에 따라 다를 수 있고 평지나 오르막 입지에 따라서도 달라진다. 역에서 거리상 더 가까운 언덕에 위치하더라도 그보다 조금 먼 평지를 선호하는 경우가 있다. 그만큼 개인마다 역세권의 기준이 다를 수 있기 때문이다.[12]

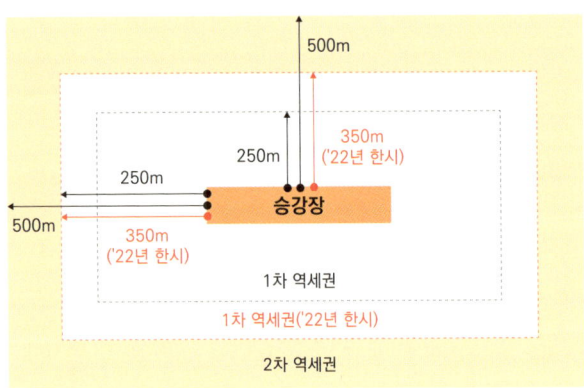

12) 출처 : 서울특별시 「역세권 주택 및 공공임대주택 건립관련 운영기준」

서울시가 마련한 '역세권 주택 및 공공임대주택 건립관련 운영기준'에 따르면 '개통 예정 포함, 역의 승강장 경계로부터 500m 이내의 지역'을 역세권으로 정의한다. 1차 역세권은 250m 이내의 범위까지, 2차 역세권은 250m에서 500m 이내의 범위로 나눈다.

2) '역' 이름, '억' 소리 나네

집과 역이 가까워서 좋은 점은 당연히 '편리한 교통'을 꼽을 수 있다. 같은 아파트라도 역과 가까운 동이 그렇지 않은 동보다 비싸게 팔릴 정도면 역세권의 존재감은 알 만하다.

그뿐 아니다. 아파트 단지명에 역 이름이 들어가면 인기가 높고 집값에서도 두각을 나타낸다.

'부동산 114'에 따르면, 2019년 전국에서 분양한 신규 단지 중 역 이름이 들어간 단지는 총 48개로 이 중 37개 단지가 전 주택형 1순위 마감을, 1순위 마감률은 77.08%를 기록했다.[13]

경기도 화성시에서 19년 5월에 분양한 '동탄역 삼정그린코아더베스트'

---

13) 출처 : 매일경제

는 1순위 평균 89.29 대 1의 경쟁률을 기록했으며 대구 달서구의 '죽전역 화성파크드림'은 1순위 평균 64.17 대 1의 경쟁률을 기록했다. 이 현상은 지난해에도 이어졌다. 수원시에서 분양한 '매교역 푸르지오SK뷰'는 1,074가구 모집에 15만 6,505명이 몰렸으며 1순위 평균 145.72 대 1의 경쟁률을 나타냈다. 행정구역이 다르더라도 역과 더 가까우면 그 역 이름을 단지명에 넣어 분양하기도 한다. 대표적으로 경기도 부천시에 있는 'e편한세상 온수역'이 그렇다. 행정구역상 같은 부천시에 속한 역곡역을 넣어야 맞지만 역곡역과 단지가 직선거리로 700여 미터 떨어져 있어 온수역을 붙였다. 이런 아파트 이름들은 입지 조건의 장점을 알리는 동시에 아파트의 인지도까지 높일 수 있어 인기가 좋다.

이 같은 현상은 당연히 부동산 가치에도 큰 영향을 끼쳤다. 대구광역시 동구 '동대구역 더샵센터시티' 전용 면적 $84m^2$는 7억 8,882만 원에 거래돼 분양가 대비 최대 약 2억 3,000만 원 이상이 붙었다. 동대구역세권 프리미엄은 아파트에 이어 주거형 오피스텔까지 이어지고 있다. 21년 연말 입주를 앞둔 '이안센트럴D' 전용면적 $68m^2$는 분양가보다 7,500만 원 가까이 오른 3억 6,000만 원 후반대를 기록했다. 부산광역시 연제구 '시청역 비스타동원' 역시 전용면적 $84m^2$가 8억 4,500만 원에 거래돼 분양가 대비 약 4억 원 이상 뛰었다.[14]

역세권이라는 단어에 초(超) 하나만 붙으면 집값은 더 뛴다. 다양한 지

---

14) 출처 : 국토일보

하철 노선의 개통으로 초역세권의 가치는 점점 치솟고 있다. 아파트 단지와 지하철 출구의 거리에 따라 억 차이가 난다.

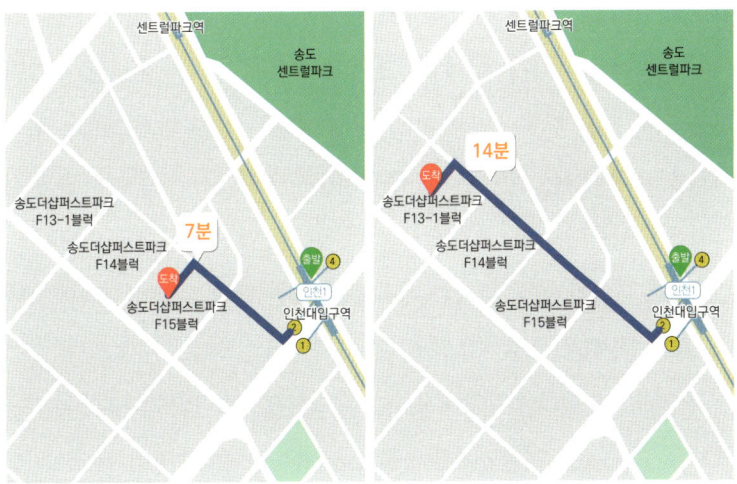

한 예로 인천대입구역 주변에 있는 '송도 더샵퍼스트파크'의 경우, 같은 역세권이라도 초역세권은 1억 1천만 원 더 높다. 인천대입구역 2번 출구에서 464m(도보 7분) 떨어진 F15블록 전용 84m^2는 2019년 11월 7억 4,500만 원이었지만 2020년 11월 최고 9억 9,000만 원으로 2억 4,500만 원이나 올랐다. 그러나 844m(도보 14분) 거리인 F13-1블록 전용 84m^2의 시세는 F15와 완전히 달랐다. 같은 기간 1억 3,300만 원 올라 차이를 보였다.

3) 철길은 돈길?

부동산 명언에 '철길은 돈길'이라는 말이 있다. 길을 따라 돈이 움직이고 부동산이 보인다는 뜻이다. 소외된 지역, 쓸모 없는 땅도 길이 나고 역이 생기는 순간 상권이 발달하고 주변 부동산 가치가 올라간다. 그야말로 긁지 않은 당첨 복권이다. 거주지와 역이 가까우면 학생들은 통학 시간을, 직장인들은 출퇴근 시간을 아낄 수 있다. 30분 걸리는 출근 시간이 5분으로 단축된다면 그만큼 삶의 질은 높아진다. 교통뿐 아니라 역 주변으로 여가와 문화, 쇼핑과 레저 등 다양한 편의 시설이 갖춰져 있어 예로부터 역세권 매물은 주거용이든 투자용이든 선호도가 높았다. 부동산 침체기나 하락기에도 상대적으로 큰 영향을 받지 않기 때문에 수익형 투자를 고려 중인 사람들에게 역세권 주택은 임대 수익률을 높일 수 있는 좋은 선택지가 된다.

최근에는 역세권을 넘어 더블 역세권, 트리플 역세권이 인기를 끌고 있다. 더블 역세권은 지하철 2개 노선이 교차하는 곳에 인접해 있거나 2개의 노선을 이용할 수 있는 지역이며, 트리플 역세권은 3개 환승역이 있는 지역을 말한다. 역을 두 개 이용할 수 있는 만큼 프리미엄도 두 배다. 지하철 2호선 신답역과 5호선 답십리역을 이용할 수 있는 서울 동대문구 '래미안위브' 전용 84m^2는 지난해 12억 3,900만 원에 거래돼 2019년보다 2억 5,000만 원 올랐으며 현재 15억에 육박하고 있다. 지하철 1호선과 KTX 광명역 초역세권에 자리 잡은 '광명역 푸르지오' 전용 84m^2

역시 지난해 12억 원에 거래돼 2억 원 올랐으며 현재 시세는 13억에 육박한다. 특히 지방은 서울이나 수도권보다 지하철 노선이 적기 때문에 역세권의 선호도가 훨씬 높다. 앞으로 교통망은 점점 더 발달할 것이고 부동산 시장에서 역세권의 신뢰도는 쉽게 무너지지 않을 것이다.

4) 역세권도 역세권 나름이지!

서울에 이제 역세권 주택이 어디 있느냐 의문을 가지는 사람들도 있을 것이다. 여전히 역세권 주택은 존재한다. 예전에는 중저층 빌라였던 곳에 고층 아파트가 들어서는 경우도 심심찮게 있기 때문이다. 올 2월 역세권 고밀 개발을 위한 법적 기반이 마련됐다. 정부가 서울 역세권 100곳의 용적률을 최대 700%까지 허용하면서 7층 이하 가로주택이 최고 15층까지 올라간다. 역 근처 다세대 빌라를 주거와 상가가 포함된 건물로 복합 개발을 허용한다는 뜻이다. 역이 촘촘한 서울이니 역 근처 빌라촌이 들썩일 만하다. 공공 재개발인 만큼 기대만큼의 수익은 아닐지라도 기회는 기회다.

그런데 여기서 중요한 것이 있다. 역세권을 모두 선호하느냐, 그건 또 아니라는 점이다. 이미 대도시인 곳은 역세권이 장점보다는 단점이 될 수 있다. 지상역은 역세권임에도 불구하고 집값이 낮게 책정되는 경향이 강하다. 우선, 주변 지역에 그늘이 생기면서 일조권이 침해되고 소음 공해와 함께 도심의 미관을 해칠 수 있다. 또한, 사람이 자유롭게 다닐 수 있는 도로에 비해 철도는 건너다닐 수 없어 지역 단절의 문제가 생길 수 있으므로 지상역 인근 주택의 선호도는 떨어지는 편이다.

급행 노선의 유무에 따라서도 집값이 달라진다. 급행 노선을 이용하면 이동 시간을 단축할 수 있고 역 주변 편의 시설도 상대적으로 많아 일반 행 노선보다 집값 상승률이 높을 수밖에 없다.

하나 더, 역세권은 앞서 말했듯 직장인과 학생에게 좋은 곳이다. 대중교통을 이용한 출퇴근과 통학이 편하기 때문이다. 그렇다면 출퇴근이 필요 없는 부유층은? 당연히 역세권을 따지지 않을 것이다. 오히려 조용하고 아늑하다는 이유로 접근성이 떨어지는 공간을 선호한다. 또, 굳이 대중교통을 이용할 이유도 없으니 역세권이 중요하지 않다. 따라서, 역세권이라 할지라도 그 안에서 세세히 살펴보고 잘 알아봐야 할 것이며 거주인지 투자인지에 따라서도 선호도가 달라지기 때문에 그 목적성을 명확히 할 필요가 있다.

5) 저평가 역세권은 어디?

역세권 지역임에도 불구하고 저평가로 인해 상대적으로 아파트 가격이 낮은 곳은 어디일까? 역세권 저평가 지역을 몇 군데 소개하고자 한다.

- 북아현 2·3구역 재개발지

 서울 서대문구 북아현 지역에는 이대역, 아현역, 충정로역, 서대문역 등 북아현 지역을 중심으로 4개의 지하철역이 있다. 특히 북아현 2구역은 지하철 2호선, 5호선 도보 3~5분 거리에 있고 버스, 광역 버스 등 정류장 역시 3분 거리에 있어 대중교통의 접근성이 뛰어난 곳이다. 지하철을 타면 시청 5분, 서울역 10분, 여의도 10분 대로 이동이 가능하며 충정로역을 통해 2호선, 5호선 환승이 가능한 더블 역세권이다. 이렇게 교통이 편리한 곳이지만 상대적으로 아파트 가격이 낮은 이유는 서대문구가 서울의 중심지임에도 불구하고 다른 도심의 주거지에 비해 저평가돼왔던 인식 때문이다.

• 서울 9호선 노들역

　서울 9호선 노들역 주변은 노량진뉴타운과 흑석뉴타운, 신길뉴타운 개발 호재가 기대되는 지역이다. '노량진' 하면 먼저 떠오르는 이미지는 수산시장과 고시촌이다. 이미 오래전인 2003년에 뉴타운 사업지로 지정됐지만 2008년 세계 금융 위기로 인한 부동산 경기 침체로 재개발 사업이 지지부진한 상황이었다. 그러다 최근 서울 부동산 시장의 급등과 함께 사업이 속도를 내면서 가격 역시 조금씩 오르고 있는 지역이다. 서울 서남부권의 노른자 땅으로 평가받으며 향후 미래 가치는 더 높아질 것으로 큰 기대를 모으고 있다.

　이 지역은 입지가 좋고 교통이 편리하며 좌우로 들어서는 신길뉴타운, 흑석뉴타운과 함께 8개 구역에 9,094가구의 신흥 주거지로 급부상할 것이다. 강남과의 직선거리도 7km밖에 되지 않으며 여의도로의 접근성도 좋다. 1호선, 9호선 환승역인 노량진은 1호선으로는 용산까지 한 정거장, 9호선으로는 반포, 논현, 잠실까지 연결된다. 근처의 7호선 장승배기역에서도 강남 접근성이 뛰어나 저평가 역세권에 가격 상승까지 기대할 수 있는 조건을 모두 갖추고 있다.

　노량진, 노들역 근처는 뉴타운들과 함께 '본동 신동아'와 '본동 삼성래미안', 7호선 상도역 주변으로는 'e편한세상 상도노빌리티' 등이 저평가로 보인다.

• 당산역 주변

당산역은 지하철 2호선과 9호선 환승역, 영등포구청역은 2호선과 5호선 환승역으로 모두 더블 역세권이다. 당산역에서 시작해 양천구와 목동 지역을 지나는 목동선 경전철이 2022년 착공을 앞두고 있어 목동 학원가까지 한 정거장이면 이용 가능한 곳이다. 그뿐 아니라 강남, 여의도, 광화문 등 주요 지역에 지하철로 20~30분 이내에 도착할 수 있다. 개발이 느리다는 인식 때문에 최근 1~2년간 부동산 시장에서 다소 소외됐지만 지난해 5월, 17년 만에 첫 중규모 단지 아파트인 '당산 센트럴아이파크'가 입주를 시작해 당산역 집값이 오름세를 보이고 있다. 주목하면 좋은 곳은 현재 재건축이 진행 중인 유원제일 2차, 재건축이나 리모델링 가능성이 있는 당산현대 3차, 양평현대 2·3차, 당산효성 1·2차다. 서울시가 당산역이 포함된 영등포구를 광화문, 강남 일대와 함께 3대 도심으로 개발할 계획으로 향후 개발 호재가 기대된다.

- GTX-A 노선

현재 진행 중인 수도권 광역급행철도(GTX) 3개 사업 중 GTX-A 사업이 가장 빠른 속도를 내고 있다. GTX-A 노선은 지하철 3호선과 6호선, 파주 운정과 동탄을 잇는 총 83.3km의 노선으로 2024년 말 2025년 상반기 완료가 목표다. 개통 시 동탄역에서 삼성역까지 20분, 구성역에서 15분 내 도착이 가능해진다. 따라서 용인역과 수인분당선 구성역 주변 아파트 가격 반등이 예상된다. 삼성래미안 1차, 삼호벽산, 연원마을엘지, 신갈역 기흥더샵프라임뷰, 풍림, 현대홈타운 아파트를 눈여겨볼 필요가 있다. 앞서 새 길을 따라 부동산 가격도 상승한다고 말했듯, GTX-A 노선 개통은 당연히 호재로 주목받고 있다. 실제 청약에서도 눈에 띄는 성과를 보였다. 경기 파주시에 들어서는 '파주운정신도시 디에트르' 아파트는 28.80 대 1의 청약 경쟁률을 기록했으며, 451가구(일반 공급,

2개 단지 합계) 모집에 총 1만 2,989개의 청약이 접수됐다.

또, '동탄역 디에트르퍼스티지' 1순위 청약에 24만 명 이상의 신청자가 몰렸다. 302가구를 모집하는 1순위 청약에 24만 4,343명이 신청, 평균 809.1 대 1의 경쟁률을 기록했다. 저렴한 분양가와 GTX A라인의 시너지 효과로 전국 역대 최고 경쟁률 기록을 갈아 치운 것이다.

GTX 노선이 들어오며, 트리플 역세권으로 변모할 GTX-A 연신내역도 폭발적인 가치 상승이 기대된다. 주변의 재개발지로는 갈현1구역, 대조1구역, 불광5구역, 독바위역세권 재개발구역 등이 저평가 지역으로 주목받을 가능성이 높다. 또한 이번 4차 철도망 계획에 신분당선 연장 사업이 용산, 독바위역, 삼송까지 계획되면서 서북부의 미래 전망이 더욱 밝을 예정이다.

- GTX-B 노선

GTX-B 노선은 인천 송도에서 남양주 마석 구간을 잇는 총 길이 80.1km의 노선이다. 개통되면 송도에서 서울역까지 27분, 여의도에서 청량리까지 10분이면 도착할 수 있을 것으로 보인다. GTX-B와 인천 1·2호선 시청역 역세권인 상인천초등학교재개발구역, 간석동 금호어울림 등이 저렴한 가격의 투자 상품으로 유망하다. 그 외에도 석천사거리역 간석래미안자이, 구월힐스테이트 1단지, 롯데캐슬골드 2단지, 분양 예정인 구월포레나, 석바위시장역 역세권인 주안10구역 재개발지와 주안캐슬더샵 등이 GTX-B의 수혜를 입으며 미래 전망이 밝아보인다.

그 외에도 GTX-B부평역 주변 부평4구역, 부평2구역, 부평역 화성파크드림, 부평 SK뷰해모로 등이 저평가 매물로 판단되며, 백운역 주변 힐스테이트부평, 재개발지역인 신촌구역, 십정2, 3, 4구역 등이 GTX-B 수혜지역으로 투자 가치가 유망해 보인다.

- GTX-C 노선

GTX-C 노선은 수원역과 양주 덕정을 연결하는 총 74.2km의 노선으로 수원에서 양재, 삼성, 청량리 중심 지역을 지나 양주, 의정부까지 잇는 노선이다. 현재 추가 정차역으로 왕십리역, 인덕원역, 의왕역 등을 신설 논의 중이다. 수원과 의정부가 직접적인 수혜 지역이며 과천역, 인덕원 동탄선, 월곶판교선이 영향을 받을 것이다. 4호선 인덕원역 역세권인 삼성아파트, 삼호아파트, 푸른마을 인덕원대우아파트를 기대해볼 만하다. 또한 신축대장 푸르지오엘센트로의 투자도 좋은 선택이 되리라 전망한다.

- 에버라인 기흥역 주변

기흥역은 분당선과 용인 에버라인 더블 역세권으로 주거 여건은 물론 교통과 생활 편의 시설이 우수하다. 에버라인 기흥역 인근 재건축 호재가 예상되며 투자할 만한 지역으로는 수인분당선 기흥역 사거리, 구갈한성 1·2차, 한양수자인, 강남마을 등이 있다.

- 7호선 산곡역 개통

지하철 7호선 연장선인 산곡역이 개통(2021년 5월 22일)되며 산곡동과 청천동 일대가 주목받고 있다. 부평신일해피트리를 포함해 부평아이파크, 부평쌍용더플래티넘, 부평두산위브더파크, 부평캐슬앤더샵퍼스트, e편한세상부평그랑힐스, 재개발지로는 산곡6구역, 산곡도환구역 등이 유망해 보인다. 특히, 산곡역의 수혜 단지로 평가받는 '부평캐슬앤더샵퍼스트'는 1순위 청약에서 특별공급 제외 581가구 모집에 12,101명이 몰려 20.83 대 1의 경쟁률을 기록했다. 역세권의 뜨거운 청약 경쟁을 다시 한번 입증한 셈이다.

6) 그래도 '역세권'이 답이다

접근성과 생활 인프라가 우수한 역세권은 여전히 매력적이고 언제나 듬직한 입지 조건으로 뽑힌다. 공격적인 투자 포지션이 다가오는 시기, 역세권 안에서도 발전 가능성과 잠재력, 미래 가치를 꼼꼼하게 살펴보고 투자해야 성공 확률이 높다는 것을 잊지 말자.

11.
직주근접의 실현 '일자리'

1) 직주근접의 실현 '일자리'

주택을 구입하면서 중요하게 고려하는 문제 중 하나는 직장과의 거리다. 직장과 주거지가 가까운 상태를 의미하는 용어 '직주근접'은 부동산을 고를 때 항상 거론된다. 직주근접은 누구나 원하는 삶이기 때문이다. 서울연구원이 도심 및 강남, 여의도 직장을 대중교통으로 오가는 1,227명을 대상으로 설문한 뒤 발표한 '서울시 출근자의 대중교통 행복지수 높이기' 보고서에는 출근 거리가 짧을수록 대중교통 행복지수가 높다는 결과가 나온다. 이 보고서에 따르면 서울로 출퇴근하는 통근자의 평균 행복지수는 71.3점으로, 5km 미만 출근자는 73.9점, 5~25km 출근자는 71.6점, 25km 이상 출근자는 70.1점으로 25km 이상의 장거리 출근자의 행복지수가 5km 미만 출근자보다 3.8점 낮다. 환승이 잦을수록, 출근 도착 시간이 혼잡할수록 행복지수는 더욱 낮게 나타난다. 괜히 '직주근접'한 부동산을 선호하는 게 아니다.

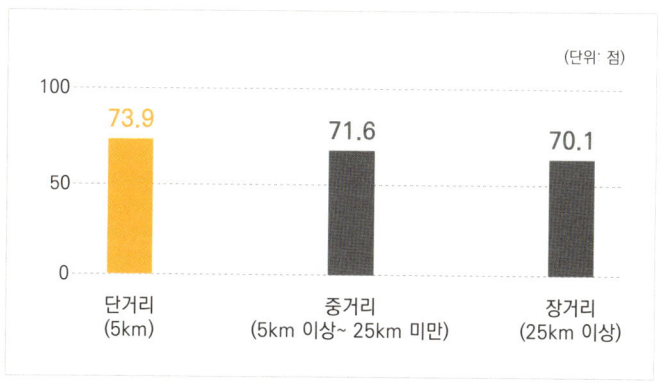

출처 : 〈서울시 출근자의 대중교통 행복지수 높이기〉 서울연구원

하루는 24시간이고, 우리나라 직장인은 평균적으로 9시간 내외를 직장에서 보낸다. 출퇴근 시간은 삶에 직접적으로 관여할 수밖에 없다. 하루 1시간이라도 여유 시간이 더 생기면 삶의 행복도가 달라진다. 출퇴근시간을 단축할 수 있는 직장 근처 부동산에 메리트가 있는 건 당연한 일이다.

2020년 기준, 서울 메트로에서 발표한 서울 지하철 출근 시간(오전 6~10시) 하차 인원이 많은 지하철역 순위를 보면 서울 서남권은 성장하고, 동남권은 유지된 데 반해 도심권은 오히려 하락한 것으로 나타난다. 직주근접의 관점에서 부동산 역시 서남권은 가치가 올라가고 동남권은 부동산 가치가 큰 변동 없이 유지되며 도심권은 상대적으로 가치가 하락할 것이라 예측할 수 있다. 영역별로 자세히 살펴보면 강서구, 관악구, 구로구, 금천구, 동작구, 양천구, 영등포구가 서남권으로 들어가며 강남구, 강동구, 서초구, 송파구가 동남권에 용산구, 종로구, 중구가 도심권에 들어간다. 서남권에 들어가는 가산디지털단지역은 출근 시간대 하차 인원별 지하철역 순위에서 2015년에도, 2020년에도 변함없이 부동의 1위를 유지하고 있으며 2015년에는 8위에 머물렀던 여의도역이 4위로 부상하면서 새로운 투자처로 주목받고 있다. 이 외에 구로디지털단지역 역시 2020년 들어 순위가 상승하는 추세다. 부동산 투자 관점에서 아직 가치 상승의 여지가 남은 '노다지' 지역을 찾는다면 어떤 곳을 눈여겨봐야 할지는 너무 명확하지 않은가? 일자리에는 항상 사람이 몰린다. 사람들은 언제나 행복한 삶을 위해 직장 근처에 살기를 희망한다.

2) 일자리가 많은 곳의 부동산이 비싸다

국내에서 부동산 가격이 가장 높은 곳은 어디일까? 대부분 강남을 떠올릴 것이다. 부동산에 좀 더 관심이 있는 사람이라면 분당과 판교를 언급할지도 모른다.

실제로 2019년 국토교통부가 내놓은 '2019년 전국 공동주택 공시가격'에 나온 공시가격 기준 상위 10위 주택 중 7곳이 강남구를 소재로 두고 있다.

2019년 공시가격 상위 10위 주택 (단위:만원)

순위	단지명	2019년
1	서초구 트라움하우스5(연립)	68억 6400
2	용산구 한남더힐	55억 6800
3	강남구 상지리츠빌카일룸 3차	53억 9200
4	강남구 마크힐스웨스트윙아파트	53억 6800
5	강남구 마크힐스이스트윙아파트	53억 4400
6	강남구 삼성동상지리츠빌카일룸	50억 5600
7	강남구 아이파크	50억 4000
8	강남구 상지리츠빌 카일룸	48억 3200
9	용산구 루시드하우스(연립)	48억 1600
10	강남구 상지리츠빌카일룸 2차	46억 7200

출처 : 국토교통부

강남의 부동산 가격이 이렇게 높은 이유는 무엇일까? 여러 가지 요인이 작용하겠지만 직주근접 이야기를 빼놓을 수 없다. 국내 유수의 기업 다수가 강남구에 자리하고 있다는 사실이 부동산 가격과 무관하다고 보는 사람은 아무도 없을 것이다. 2018년 법인세 신고 기간에 법인세를 신고한 법인은 75만 개였다. 이 법인기업들은 소재지를 어디에 두고 있을까? 예상대로 강남에 가장 많은 법인들이 소재하고 있다. 법인기업 분포 현황을 시군구별로 살펴보면 강남에만 4만 1,500개 기업이 있다. 2위인 영등포구 2만 9,300개와 비교해도 월등히 많은 수치다.

스타트업얼라이언스가 2019년 발표한 스타트업 분포 현황도 크게 다르지 않다. 발표에 따르면 스타트업 중 90% 이상이 수도권에 있으며 그중 80% 이상이 서울에, 절반 정도가 강남구와 서초구에 위치하고 있다. 심지어 3분의 1 정도는 테헤란로 인근에 포진되어 있는 상황이다.

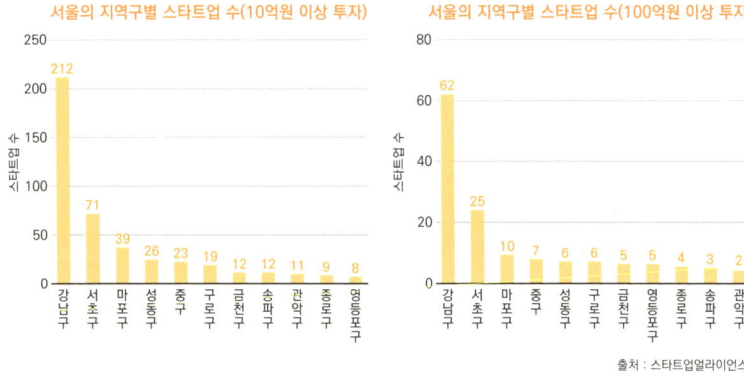

출처 : 스타트업얼라이언스

　10억 이상 투자 받은 스타트업 중 80.2%에 달하는 기업이 서울에 있는데, 그중 212개(46%)가 강남구에 있다. 100억 원 이상 투자 받은 스타트업 역시 마찬가지다. 100억 원 이상 투자 받은 서울 소재 스타트업 137개 중 62개(45.3%)가 강남에 있다. 일자리도, 일할 사람도 강남으로 몰리고 있는 셈이다. 직장 근처에 살기 원하는 사람이 집을 찾으니 강남의 부동산 가격이 올라가는 것도 당연한 이치다.

　분당과 판교 신도시도 마찬가지다. 분당과 판교 신도시는 국내 IT산업의 집결지다. IT기업 밀집지구인 판교 테크노밸리는 '한국판 실리콘밸리'라 불리며 국내 산업 클러스터의 표본으로 꼽힌다. 2017년 말 기준 입주 기업 수는 1,270개, 근로자는 6만 2,575명으로 입주 기업들의 총매출액은 79조에 이른다. 입주 기업의 81%는 본사를 판교에 두고 있다.

　현재 판교는 2021년 제2테크노밸리 완공을 앞두고 있으며 2023년에는 제3테크노밸리까지 완공하기 위해 추진 중이다. 제2, 3테크노밸리 사업이 완공되면 상주 인원만 15만 명에 이르는 거대 업무 클러스터가 형성될 예정이다. 지금도 높은 가격으로 유명한 판교의 상승세가 이게 끝이 아닐 수도 있다는 의미다.

또한 성남 구도심 재개발이 맞물리며 직주근접의 성공 신화는 지속될 듯 보인다. 2030 성남시 도시 주거환경 정비 기본계획 총괄도를 바탕으로 구도심개발이 완료된다면, 우수한 직주근접성을 바탕으로 위상은 높아질 수밖에 없다.

3) 떠오르는 부동산 투자 메카는 어디인가?

마곡도시개발사업, 일명 '마곡지구' 역시 가격 상승률이 높은 곳 중 하나다. 마곡지구는 서울 등촌동과 인접한 마곡동에 조성되고 있는 첨단산업·업무·주거 복합단지로, 부지 면적만 80만 $111m^2$에 달한다. 이는 축구경기장 100개 정도 되는 크기다.

마곡지구는 서울의 마지막 대규모 개발 사업지로, 최근 LG그룹 컨소시엄이 R&D 센터를 마곡에 집중시키기 위해 대규모 투자를 진행하고 있으며 코오롱, 롯데 등 대기업 연구소도 부지를 매입해 업무지구를 조성 중이다. 이 외에도 신신/제넥신, 대웅제약, 오스템 임플란트 등 의료·바이오 업체들이 부지를 대거 매입하면서 제약 회사들의 새로운 메카로 떠오르고 있다. 실제로 몇몇 바이오 업체는 판교에 있던 부지를 팔고 마곡지구 부지를 매입한 후 입주를 앞두고 있을 정도다. 마곡지구에 의약품 수출입협회가 있고 공항과도 가깝기 때문에 해외에 진출한 바이오 업체들에게 이보다 최적의 장소가 없기 때문이다.

대기업은 물론, 중견기업 입주도 활발하게 이뤄지면서 마곡지구에 대한 기대는 갈수록 올라가는 추세다. 예정된 기업이 모두 입주하고 나면 마곡지구는 150여 개 기업과 약 15만 명의 근로자를 보유한 업무지구로 탈바꿈한다. 향후 마곡지구에서 근무할 근로자들은 어디에 살기를 희망할까? 우리는 앞서 읽은 이야기로 정답을 알고 있다.

그뿐만이 아니다. 마곡지구 9호선 라인을 중심으로, 원종홍대선과 강북횡단선 호재가 있는 가양역과 등촌역이 더블 역세권으로 거듭나며 주변 아파트들의 신분까지 함께 상승시킬 예정이다. 가격 상승을 위한 최적의 조건을 모두 갖춘 셈. 우리는 이런 곳을 주의 깊게 살필 필요가 있다.

최근 평택 아파트 시장에도 훈풍이 불고 있다. 상담 시 평택에 관한 문의가 많아졌고, 왜 이렇게 올라요? 라며 의아해하는 분들도 많다. 반면 일부 투자자들은 평택의 훈풍을 '거품'이라 평가절하하기도 한다. 허나 평택과 고덕 신도시는 상승할 요건을 두루 갖춘 일자리가 풍부한 도시이다. 2020년 7월 삼성전자가 앞으로 5년간 반도체 공장 3곳을 더 착공하겠다는 계획을 평택시에 알렸기 때문이다. 이전부터 평택은 삼성전자 반도체 사업의 핵심 생산 기지로 꼽혀왔다. 2012년 삼성전자는 축구장 500개 크기인 392만 7,912m² 규모의 평택 고덕산업단지 투자 계약을 체결하고 2017년 평택 1공장을 준공한 뒤 평택에서 최첨단 메모리 반도체를 생산해 왔다. 2020년부터 세계 최대 규모의 반도체 공장인 평택 2라인 가동을 시작했으며 2021년 평택 3공장이 준공될 예정이다. 발표한 준공 계획이 차질 없이 이뤄지면 2025년 평택에만 삼성 반도체 공장 6개가 가동된다. 추가 라인 신설 공장 투자 금액만 100조 원에 달한다.

이런 '삼성 효과'를 제대로 누리는 곳이 바로 고덕 국제 신도시다. 고덕 국제 신도시 내에 위치한 고덕국제화첨단산업단지에 삼성전자 반도체 공장이 있기 때문이다. 이미 삼성 임직원에 협력사, 건설업체 직원까지 합쳐 약 3만 명의 근로자가 상주하고 있으며 향후 3~6라인까지 완공되면 더욱 증가할 예정이다.

실제로 평택은 기초지방자치단체 226곳 중 최근 5년 동안 2030 인구가 다섯 번째로 많이 증가한 도시다. 2011년 12만 5,873명이던 20~30대 인구가 2020년에는 15만 4,127명으로 무려 22.4% 증가했다. 부동산 가격도 지속적으로 상승하는 추세다. 이유는 간단하다. 공급에 비해 수요가 증가하고 있기 때문이다. 부동산 규제로 2019년 10월 기준 2,227가구였던 평택 미분양 주택이 2020년 10월 367가구로, 2021년 3월 133가구로 줄어들었다. 1년 만에 미분양 주택의 83%를 해소한 배경에는 삼성전자 평택캠퍼스와 수도권 광역급행철도(GTX-C)

노선 평택 연장 논의가 대표적인 이유로 거론된다. 평택 안에서도 고덕 국제 신도시에 대한 선호도가 상승하며 청약 경쟁률의 양극화가 극심해지고 있다. 누가 봐도 명백한 '삼성 효과'다.

고덕 국제 신도시 인구 유입은 앞으로도 꾸준히 증가할 것이다. 당장 3라인이 완공되기도 전 현 상황을 살펴보면 어렵지 않게 짐작 가능하다. 독자 중에는 '기껏해야 반도체 공장 직원들과 그 가족들만 오는 게 아닌가?' 생각하는 분도 있을 것이다. 결론부터 말하자면 이 예상은 잘못되었다. 한 개의 공장 라인에는 정직원과 협력업체 직원을 모두 포함하면 2만 명 이상의 인원이 투입된다. 게다가 그러한 규모의 공장을 건설하려면 완공까지 수많은 건설업체 노동자들이 몇 년간 현장에서 근로해야 한다. 현장 근처에 숙소가 필요해지는 것이다. 고덕 국제 신도시를 '삼성전자의 직주근접'으로만 생각하기 쉽지만 당장 '반도체 공장 건설'의 직주근접이기도 한 셈이다.

4) '직주근접'은 실패하지 않는다

우리는 여기까지 실패하지 않는 부동산의 조건을 알아보았다. 앞서 소개한 역세권은 물론, 직주근접 역시 실패하지 않는다. 아니, 실패하기 어렵다. 직장인에게 짧은 출퇴근 시간은 삶의 행복과 직결되는 문제이므로 모두가 직장 근처에 살기를 원한다. 일자리가 어디에 있는가? 거기서 사람들이 얼마나 많이 일하고 있는가? 그들은 직장 근처 어디에서 살기를 희망할까? 이 사실을 고려할 때 실패할 위험을 최소화할 수 있음을 명심하자.

12.
식지 않는 교육열 '학원가'

학원가 부동산의 꾸준한 인기는 '맹모삼천지교'라는 말로 모두 설명할 수 있다. 특히 고교평준화 및 특목고 활성화를 비롯해 국내 입시가 선행 학습을 바탕으로 하면서 학원의 중요성은 나날이 더해지고 있다. 이로 인해 좋은 고등학교를 고르는 것만큼 좋은 학원을 고르는 데 엄마들의 관심이 쏠리고 있다. 최근에는 이런 조건을 '학세권'이라고 지칭하기도 한다.

누군가는 "학교도 아니고 학원 정도에 집값이 좌우되겠어?"라고 비웃을 수 있다. 학원과 학군은 한 몸과도 같다. 좋은 학군에 좋은 학원가가 형성돼있다. 또한 사교육에 의존해야 하는 한국 교육의 특성상 학원가와 집이 가깝다면 시간과 체력, 학업 분위기, 안전 면에서 훨씬 얻을 수 있는 이점이 많은 선택지이므로 인기가 많은 것이 당연하다.

학원가로 형성되는 지역은 한두 곳 혹은 십여 곳의 학원이 모여있다고 만들어지는 것이 아니다. 이곳에는 종합, 단과, 논술, 예체능 학원, 독서실,

스터디 카페, 카페 등과 같은 학업과 관련한 시설이 한데 모이게 된다. 여기에 편의점, 식당, PC방을 중심으로 상권이 차차 생겨나면서 거대한 밀집 상권으로 성장한다. 학원가라는 성격 덕분에 유흥시설이 없는 것도 이 상권의 특징이다. 때문에 수요와 가격 방어 면에서도 유리한 부분이 많다.

가장 손꼽히는 서울의 학원가로는 강남구 대치동, 노원구 중계동, 양천구 목동이 있다. 이외에도 동작구 노량진은 공무원에 관한 시험을 위한 학원이 모여있고, 서초구 반포동도 대치동 못지않게 많은 학원이 모여있는 것으로 유명하다.

경기 및 지방 학원가로는 대구광역시 수성구 황금동, 안양시 동안구 신촌동, 고양시 일산서구 일산동을 필두로 청주, 대전, 포항, 부산 등에도 유명 학원가들이 포진돼있다. 이런 학원가 부동산의 특징은 자녀 학업

기간에 맞춘 장기거주자가 많은 점이다. 때문에 이곳에 부동산을 구매하는 사람은 실수요자인 경우가 많고, 매매 후 전세를 진행할 때도 세입자가 장기거주할 가능성이 높음을 충분히 인지해야 한다.

인기 학군지 치솟는 전세 가격

(단위: 억 원)

지역	단지명	기존 최고가	신고가
경기 성남시 분당구 수내동	양지마을금호 1단지 전용 84m²	7.5	11
경기 성남시 분당구 이매동	이매촌 삼환아파트 전용 84m²	5.5	7.5
서울 강남구 대치동	은마 전용 84m²	7.2	8.3
서울 강남구 도곡동	도곡렉슬 전용 59m²	10.2	11
대전 서구 둔산동	크로바 전용 114m²	7	8
대구 수성구 범어동	범어 STX칸 전용 111m²	6.3	6.5

자료: 국토교통부 실거래가공개시스템

또한 이 때문에 거래 매물이나 거래량이 활발한 편은 아니다. 대신 수요가 많고, 교육에 투자한다는 마인드로 접근하는 사람들이 다수이기 때문에 주변 시세보다 높은 가격으로 매매, 전셋값이 형성된다는 장점이 있다. 이런 학원가는 학령 인구가 줄어드는 중에도 수요에 대한 걱정에서 어느 정도 비켜가 있다는 것도 충분한 투자 가치를 가지고 있다. 학생 수는 줄어도 내 자녀를 최고로 키우겠다며 사교육비에 투자하는 금액은 점차 늘고 있기 때문이다. 또한 급변하는 공교육 상황에 오히려 확실한 기존 명문학군에 대한 선호도가 높아지는 것도 하나의 요인이다.

비록 전세가격에 대한 자료긴 하나 위의 표를 보면 인기 학군에 살고자 하는 열망이 얼마나 높은지 알 수 있다. 특히 프리미엄 학군으로 알려진 분당구 수내동은 저 당시 무려 3.5억이나 전세 가격이 올랐다. 거주를 위해 치러야 하는 비용이 높아졌다는 것은 전세뿐 아니라 매매에도 동일하게 적용된다. 좋은 학군은 부동산 상품의 가격을 빠르게 견인하는 요인으로 작용한다.

1) 서울 3대장 대치동, 목동, 중계동

대치동, 목동, 중계동은 각각 서울의 남, 서, 동부에 위치하는 전국에서 손꼽히는 유명 학원가다.

먼저 대치동 주택들을 살펴보면, 이 지역은 교육을 위해 거주하는 주민이 많아 오래된 구축에 전세로 거주하는 경우가 대다수다. 가장 대표적인 곳이 은마, 대치삼성, 대치현대, 개포우성아파트 등이다. 이외에는 신축에 속하는 대치래미안팰리스 1단지를 비롯해 재건축 단지인 대치푸르지오써밋, 일원동 디에이치자이개포 등이 2023년과 2021년에 연이어 입주할 예정이다.

〈서울 대치동〉

은마아파트는 대치동 학군이 얼마나 오랫동안 한국에서 인기 있었는지를 드러내는 역사와도 같다. 이곳의 평당 가격이 1980년 77만 원에서 2020년 6,569만 원이 되었어도 입주를 원하는 사람이 줄을 잇고 있으니, 교육열과 부동산의 강력한 유대는 어느 세대나 다르지 않다는 것이 증명된 셈이다. 최근 매매가는 84m²기준 25억 원이며, 인근 대치래미안팰리스, 대치아이파크, 대치SK뷰 등은 동일한 평수의 경우 30억 원에 달한다. 그러므로 투자할 자본만 받쳐 준다면 대치동은 확실한 시세 차익을 기대할 수 있는 지역이다.

참고해야 할 점은 이 인근 지역은 신학기 시기와 아닐 때의 수요와 시세 차가 발생한다는 점이다. 신학기 수요가 지나면 적게나마 가격이 하락하기 때문에 조금이라도 저렴한 가격에 대치동에 입주하길 원한다면 이런 시기를 노리는 것도 추천한다.

그럼에도 놀라운 것은 아직까지도 이곳 일대는 가격 상승의 호재가 남아 있다는 점이다. 교통에서는 GTX-A, C 등이 들어설 예정으로, 공사로 인한 소음이 당분간 발생할 수 있지만 이후에는 교통 환경도 크게 개선된다.

은마아파트는 대치동뿐만 아니라 전국 재건축 아파트의 대명사로 불리기도 한다. 특히 오세훈 시장이 취임하면서 당선 전 재개발, 재건축에 대한 긍정적인 시그널을 보내온 바 있어 재건축 시장에 변화가 있을 것으로 많은 이들이 기대하고 있다. 이러한 분위기 덕에 2021년에 들어서 은마아파트가 위치한 강남구의 아파트 가격은 지난해 같은 기간의 10배에 달하는 1.42%가 상승했다. 때문에 교육뿐만 아니라 재건축을 통한 막대한 시세 차익도 무시할 수 없는 상황이다.

다주택자, 재건축 등을 둘러싼 규제도 강화되었지만 부동산 시장은 오히려 팽창하는 추세다. 뿐만 아니라 오세훈 시장이 발표한 서울 강남권의 '토지거래허가제'가 전면적으로 시행되며 재건축 사업에 조금씩 속도도 붙는다는 평이다. 처음 허가제가 발표되던 당시는 위헌 논란이 있었지만 1년 동안 적용해 뚜껑을 열어 보니 '호재'였다는 것. 이로써 당분간 대치동 재건축 시장은 막연한 기대감으로 상승장이 계속될 것으로 보인다.

목동 역시 대치동과 견줄 만한 최대 학원가로 인기가 높다. 이곳도 구축 단지에 전세로 거주하는 세대가 많다. 목동은 대치동과 비교하면 재건축 상황에서 약간의 진전을 보이고 있다. 2021년 6월 기준 재건축이 가능한 곳은 6단지뿐이지만, 대부분의 단지가 1차 안전 진단은 통과한 상황이고, 2차 안전 진단을 진행 중이거나 기다리는 곳이 많다. 이 중 신정동 9단지, 11단지는 2차 안전 진단에서 탈락해 재건축이 불발됐다.

〈서울 목동〉

그럼에도 나머지 단지에 대한 기대감으로 인해 가격은 지속적으로 오르고 있다. 9단지의 경우 전용면적 53.82㎡형이 13억 500만 원으로 4월 신고되면서 1월에 비해 4,000만 원 상승했다. 아직 재건축 허가가 남은 단지가 많은 만큼 목동의 재건축 전망을 긍정적으로 바라보는 이들이 많다.

목동 신시가지 아파트 재건축 추진 현황

목동		신정동	
단지	안전단지 현황	단지	안전단지 현황
1	1차 안전집단 통과	8	1차 안전집단 통과
2	2차 안전진단 접수	9	2차 안전집단 탈락
3	2차 안전집단 접수	10	2차 안전집단 접수
4	2차 안전진단 접수	11	2차 안전진단 탈락
5	2차 안전진단 진행 중	12	2차 안전진단 통과
6	2차 안전진단 통과	13	2차 안전진단 진행 중
7	2자 안전진단 진행 중	14	2차 안전진단 통과

만약 본격적으로 목동 단지 재건축이 시작된다면 지금보다 2배 늘어난 5만 3,000여 가구까지 물량이 증가할 예정이며, 지하철 접근성, 도로 확대 등의 생활 환경 개선도 바랄 수 있게 됐다. 당연히 투자 가치도 올라가겠고 투자자들 역시 지금보다 훨씬 더 탐을 내는 지역이 될 것이다. 하지만 이제 안전 진단 단계인 만큼 재건축이 완료되기까지는 10년 가까이 소요될 수 있음을 각오해야 한다.

또, 목동이 투자처로서 안정적인 이유 중 하나는 주변 지역의 발전과 학군 형성에 비해 가격 면에서 아직 저평가 수준이기 때문이다. 목동은 중학교 학군으로는 대치동만큼 뛰어나다는 평을 받는다. 현재 마곡과 상암을 중심으로 인구가 유입되고 있지만 아직 목동의 아성을 뛰어넘을 만큼은 아니기에 이왕이면 목동을 원하는 학부모들이 많을 수밖에 없다.

중계동 은행사거리는 세 곳의 학원가 중 가장 진입 장벽이 낮은데, 학원가와 학군의 메리트에 비해 대치동, 목동에 비하면 시세가 절반 수준이다. 노원구에서 가장 비싼 지역이지만 서울 전체 평균으로 봤을 때 최상위권이라 말하기는 어렵다.

중계동은 강북 유일의 우수학군으로 전국 100위 명문고와 4대 명문 중학교가 위치한 곳이기도 하다. 여기에 대형 학원가가 몰려있는 특성이 더해져 이곳을 더욱 매력적으로 만든다. 이 때문에 의정부, 별내, 다산 등 인근 지역에서의 유입도 꾸준하게 이어지고 있다. 그만큼 인근에 유해시설이 적고 동네 분위기가 안정적이며, 학구열이 높은 것도 장점으로 꼽을 수 있다.

〈서울 중계동〉

시세는 어느 정도일까? 학원가에 인접한 중계건영 3차 전용 84m²형은 2020년 초 9억 원 정도를 유지했으나 2021년 5월 들어 12억 5,500만 원에 거래됐다. 비교적 저렴한 중계주공 6단지 경우도 같은 시기 비교하면 비슷한 수준의 상승률을 보였다. 하지만 중계주공 6단지 전용 44m²형은 아직도 5억 원 선의 최고가를 기록하고 있기 때문에 학군과 학원가 특수를 누리고자 한다면 진입할 기회는 남아있다.

다만 단점은 서울 최북단이라 할 만큼 치우쳐진 위치다. 서울 중심부를 오가는 지하철이 적은 편이라 교통이 불편한 점도 감안해야 한다. 또한 다른 학원가들과 달리 아직 재개발, 재건축을 노리기에는 이르다. 현재로선 중계동 백사마을이 재개발 대상으로 지정돼 사업을 진행할 예정으로 이외에는 다른 특수를 누리기 쉽지 않으니 이 점을 유념해서 선택해야 한다.

2) 안정적인 실거주 맞춤 '후곡마을 학원가'

일산의 대표 학원가인 이곳은 통칭 '후곡마을 학원가'로 불리며 '백마 학원가'와 함께 일산의 사교육 시장을 이끌고 있다. 명성과 규모로는 평촌 학원가와 경기도에서 순위를 다투는 수준이다. 이곳은 김포, 파주 등의 학생들도 올 만큼 유명하며 학원의 수준과 성적 면에서도 기복 없는 상태를 보여준다.

일산의 특징은 1기 신도시인 만큼 구축 아파트가 많아 집값이 꾸준한 안정세를 보이는 점이다. 인기 있는 단지인 후곡마을 7단지 동성아파트 전용 84m²의 경우, 2020년 4월 이후로 2억 이상 급등하며 현재 6억 이상의 거래가를 보이지만 이전 4년간은 변동 없이 3억 후반대의 가격으로 거래됐다.

〈후곡마을 학원가〉

또 하나의 특징은 일산의 주택 가격 상승률이 상당히 높다는 것이다. 낮은 거래량 속에 신고가는 계속 경신되어 올라가고, 특히 후곡마을현대 3단지 쪽의 대형 평수는 거래량이 적을 뿐 호가 자체는 매우 높은 편이다. 반면 전세가가 낮은 이유는 계약갱신청구권으로 인해 거래에 따른 전세 편차가 크기 때문인데, 이는 전국에서 비슷하게 발생하는 현상이므로 일산 쪽만 전세가가 낮다, 하는 결론을 내기는 어렵다. 그러므로 '상대적으로 저렴한 가격에' 주거와 교육의 두 마리 토끼를 잡고 싶은 실거주자들에겐 매우 추천할 만한 지역이라고 할 수 있다.

3) 경기 대표, '평촌 학원가'

안양의 '평촌 학원가'는 경기도를 대표하는 최대 학원가로 400여 개 이상의 학원이 위치한 곳이다. 실제로 방문해 살펴보면 빽빽할 정도로 모든 건물에 학원이 들어차 있다. 경기도에서 최고로 꼽히는 학원가 명성에 걸맞는 모습이다.

이곳은 평북(평촌 북쪽)과 평남(평촌 남쪽)으로 구분 지어서 보는 이들이 많다. 이는 지하철 범계역과 평촌역을 기준으로 하는데 안양시청 쪽을 평북, 중앙공원과 학원가를 평남이라고 구분한다. 당연히 시세는 학원가가 몰려있는 평남이 높은 편이다.

〈안양 평촌〉

평남 학군이 인기인 이유는 학원가뿐만이 아니다. 인근 최고 명문인 귀인중학교에 배정받을 수 있는 학군이기 때문이다. 귀인중은 모든 방면에서 가장 높은 진학률과 학업 성취율을 보이는 학교로, 특목고, 자사고 진학 비율이 10%에 가까울 정도로 학업 수준이 높다. 이런 조건으로 평남에 있는 아파트를 선호하는 학부모들이 많으며 그만큼 시세도 달라지고 있다.

평남의 인기 단지는 향촌롯데, 향촌현대4, 5차, 귀인마을 현대홈타운 등이 있다. 이외에도 한신아파트 대림아파트 같은 곳도 위의 세 곳과 유사한 수준의 시세로 거래 중이다. 공통점은 대부분 인기 학교와 가깝고 학원가와도 멀지 않아 선호하는 현상이 뚜렷하다. 또한 어느 평형이든, 어느 단지든 차이 없이 조건이 비슷한 만큼 시세 상승 추세 역시 모두 유사한 양상을 보였다.

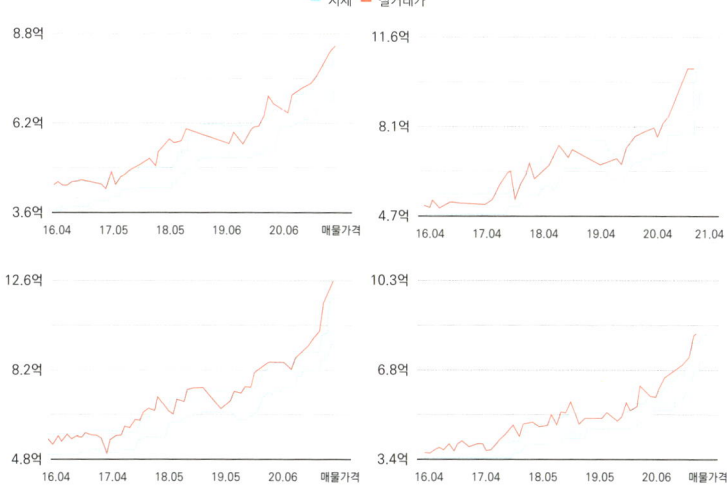

    평남에 위치한 인기 단지 4곳의 매매 거래가를 기록한 그래프를 비교해 봐도 비슷한 수준의 기울기를 보이며 꾸준한 상승을 보임을 알 수 있다. 평남은 대형 평수가 많은 곳이라 작은 평수의 거래량이 두드러지게 많을 뿐, 그 외 상승률에 큰 영향을 주는 요인은 아니다.

    평촌은 고등학교 진학에 있어서 우수한 학군으로 꼽힌다. 즉, 초등, 중학생을 둔 가정이 일정 시기 거주한다면, 성적과 시세 차익의 두 가지 이득을 모두 취할 수 있을 것으로 보인다.

4) 부촌 분당과 직주근접 결합의 수원

    이외에도 경기도에는 분당 정자동과 수내동, 서현동, 수원의 영통동의 학원가가 인기 있다. 분당은 본래 부촌으로 불리며 높은 집값을 자랑하는 동시에 높은 교육열로도 유명하다. 특히 강남과도 멀지 않은 탓에 대치동으로 직접 수업을 들으러 가는 경우도 만만치 않게 많다. 그 때문에 이런 열기를 반영한 학원가가 정자동, 수내동, 서현동 곳곳에 퍼져있다.

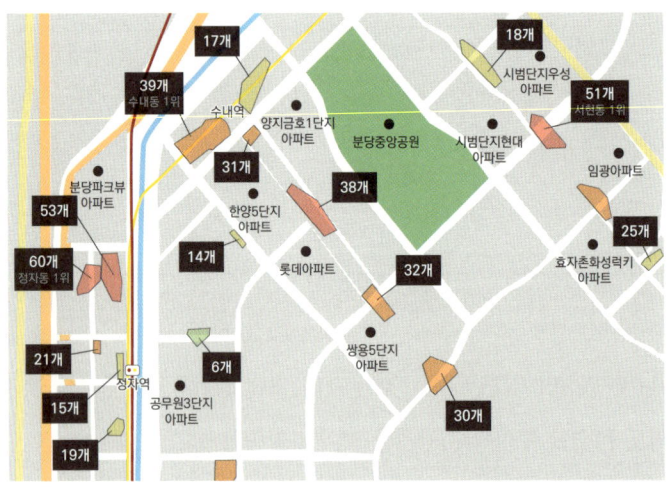

〈분당 정자동, 수내동, 서현동〉

분당은 사실 학원가와 상관없이 본래도 인기 있는 고급 주거지이기 때문에, 학원가와의 상관관계는 타지역과 비교해 적은 편이다. 그럼에도 좋은 학교에 배정받기 위한 단지는 있다. 주로 수내중과 내정중을 배정받을 수 있는 단지가 인기인데, 내정중의 경우는 양지마을, 파크타운 등이며, 수내중은 푸른마을, 샛별마을, 한솔마을, 정든마을 등이다. 이 중에서도 파크타운서안, 파크타운삼익, 푸른마을쌍용, 푸른마을벽산, 샛별마을우방 등은 학원가와 더불어 성남2호선 트램의 수혜 단지로 거듭나고 있기에 눈여겨보면 좋을 곳이다.

수원의 대표 학원가인 영통동은 다른 학원가와 달리 학원가, 번화가, 유흥가가 섞여 있는 곳으로 주택가와도 멀리 떨어져 있지 않은 형태를 띠고 있다. 또한 인근에 삼성과 협력 업체가 위치해 직주근집에서도 나쁘지 않은 곳이다. 만약 학부모의 직장이 이에 해당한다면 영통동은 반드시 거주를 고려할 만한 지역이다. 교통편도 잘 갖춰져 영통역과 망포역을 이용하기도 편하다.

〈수원 영통동〉

또한 구축 아파트와 신축 아파트가 적절히 있어 선택의 폭도 넓다. 신축으로는 수원 아이파크 시티, 래미안 영통 마크원, 힐스테이트 영통 등이 있으며, 구축 아파트는 신나무실마을, 살구골마을 전반 단지들이 꾸준히 인기를 얻고 있다.

고려해야 할 점은 신축단지의 규모가 크며 주변 신도시가 지속해서 개발되면서 구축 아파트의 가격 상승에 대한 회의적인 견해도 제기되고 있

C. 그렇다면 어디서 살아야하나?

다. 재개발을 논하기에도 이른 수준이므로, 투자자라면 신중한 선택이 요구된다.

5) 대치동 부럽지 않은 대구 수성구

대구 수성구는 지방 학원가 중 유일하게 서울과도 겨룰 만한 실력과 명성을 지닌 곳이라 할 수 있다. 비공식적으로는 수성구에 위치한 명문고 10곳에서 85명이 카이스트와 서울대에 진학했다고 한다. 라이벌로 꼽히는 달서구와 비교해도 월등한 수준이다. 때문에 수성구 범어동, 만촌동 일대는 서울 수준의 시세를 자랑하며 대구 최고가를 경신하고 있다.

〈대구 범어동〉

이 일대는 학원가와 학군 프리미엄을 누리고자 하는 실수요자 위주로 거래가 이뤄져 일정 수준 이상은 유지할 것으로 보인다. 또한 주변에 위치했던 구축 아파트들의 재개발이 속속 이뤄지는 것도 수성구의 입지를 더욱 굳게 해줄 요인이다. 수성범어W, 힐스테이트 만촌역, 만촌역 태왕디아너스 등과 같은 신축 주상복합과 아파트들이 줄줄이 분양, 입주를 앞두고 있다.

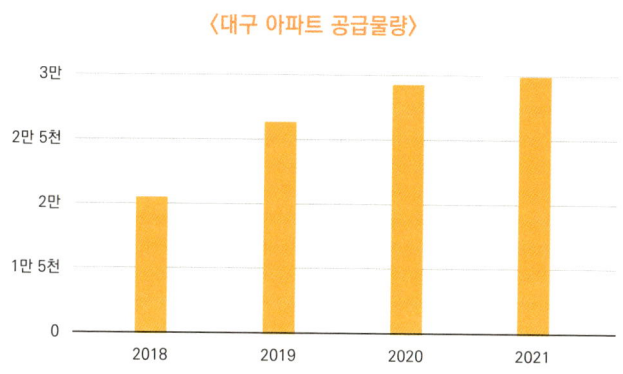

〈대구 아파트 공급물량〉

우려할 점도 있다. 대구 전체 개발이 활발하게 진행되면서 공급물량 과잉 상태에 진입 중이다. 2018~2020년 대구지역에는 총 7만 7천 832가구가 공급됐다. 2018년 2만 902가구, 2019년 2만 6천 970가구, 2020년 2만 9천 960가구를 기록했다. 여기에 오피스텔까지 포함하면 훨씬 더 물량이 늘어나며, 심지어 2021년에는 더욱 늘어난 3만 가구의 분양을 앞두고 있다. 이런 점은 최근 시행되는 청약 경쟁률에서도 드러난다. 이전까지 인기 단지의 경우 청약 경쟁률이 수십 대 일을 기록했던 것과 대조적으로 미분양 가구도 등장하고 있다.

수성구 학원가는 인기 많은 부촌 지역으로 아직까지 이런 우려에서는 조금 더 자유로운 편이다. 하지만 그만큼 시장이 과열되어 있다는 것을 명심하고 구입에 임해야 할 것이다.

6) 기타 지역: 천안 불당동, 대전 둔산동

지방 역시 학군, 학원가를 필두로 구축 아파트의 가격 방어가 꾸준히 이뤄지고 있다. 둔산동 학원가 인기 단지인 둔산동 내 둔산 크로바, 목련 등은 28년 이상 된 구축이지만 전용 102㎡기준 11억 이상에 거래된다. 2018년도까진 5억 원에 거래됐지만 3년 만에 2배 이상 상승해 모두에게 놀라움을 안겨주기도 했다.

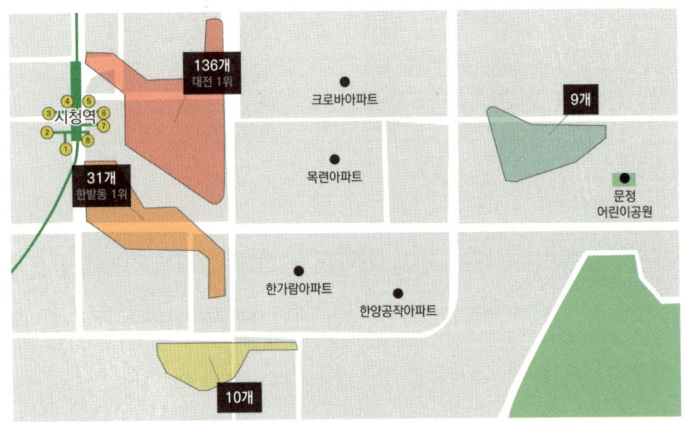

〈대전 둔산동〉

충남은 천안 불당동 학원가의 인기가 높다. 불당동은 학원가에 공원, 상가, 시청 등이 더해져 편리한 입지가 강점인데, 천안 내 우수한 학생은 모두 불당동으로 모일 만큼 충남 내에서 가장 높은 학업 수준을 자랑한다. 최근 신축 아파트 평균 가격은 8억 원을 기록해 수도권 못지않은 시세를 형성하고 있다.

〈천안 불당동〉

13.
전후좌우, 택지를 고려하라

우리나라는 예로부터 풍수지리학적으로 좋은 땅, 즉 '명당'을 중요시했다. 풍수지리상 좋은 땅은 집은 물론 한 나라의 수도를 정하는 데도 지대한 영향을 끼쳤다. '풍수지리'는 산세·지세·수세 등 환경적 요인을 파악해 이것을 인간의 길흉화복과 연관 지어 좋은 터전을 찾는 사상이다. 집을 지을 때도 집 뒤에 산이 있고 앞으로는 물이 흐르는 배산임수 지형을 좋은 조건이라고 여겼다. 이렇듯 예나 지금이나 부동산 시장에서 택지(宅地)는 아주 중요하다. 왜냐고? 건물이 올라가는 곳이 결국 땅 위이기 때문이다. 부동산 구매 시 반드시 살펴볼 것이 바로 택지이다. 이번 장에서는 부동산 시장에서 택지가 중요한 이유는 무엇인지, 택지의 정확한 개념과 함께 고려해야 할 사항을 요목조목 살펴보기로 한다.

1) 한눈에 보는 택지 용어

무엇이든 처음 접하는 것은 개념 정리가 필수다. 그래야 다음을 이해할 수 있기 때문이다. 어렵고 수많은 부동산 용어도 개념 정리부터 하나씩 해나가면 부동산 시장을 큰 틀에서 파악하기가 쉬워진다. 그렇다면 이제부터 이 장에서 다룰 '택지'의 개념부터 알아보자.

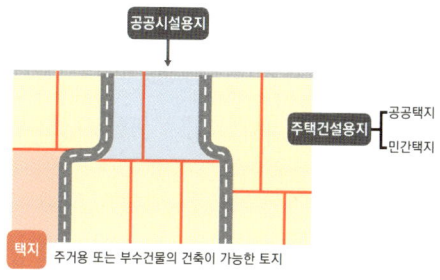

택지(宅地)라는 단어를 뜯어보면 집 택(宅)과 땅 지(地)로 이뤄졌다. 단어 그대로 '집을 지을 수 있는 땅'을 의미한다. 그런데 이것은 일반적인 용어이며 부동산 용어에서 의미하는 택지는 조금 다르다. 택지란 「택지개발촉진법」에서 정하는 바에 따라 개발·공급되는 주택건설용지 및 공공시설용지를 말한다. 쉽게 말하면 주택을 짓고 도로, 철도, 공원 등 기반시설을 포함한 공공시설을 짓기 위한 땅인 것이다.

	구분	사업주체	국민주택기금	전용면적
1	국민주택	공공, 민간	O	85m²
2	국민주택등 (국민주택포함)	공공	X	85m²
3	민간건설중형국민주택 (국민주택에 포함)	민간	O	60m²초과~ 85m²이하
4	민영주택 (국민주택 제외)	민간	X	

1. 공공: 국가, 지방자치단체, LH공사, 지방공사
2. 민간: 공공외 사업주체

출처 : 안산도시공사(http://www.ansanuc.net/home/10420/40084/contents.do)

주택건설용지는 택지 개발을 하는 주체에 따라 다시 공공택지와 민간택지로 나눌 수 있다. 먼저, 공공택지는 주로 공공 기관에서 조성한 택지로서 일반인 사유지를 매입 또는 국공유지를 통해 조성하고 공급하는 택지다. 국민 주택 건설, 대지 조성, 택지 개발, 산업단지 개발, 도시 개발 등 '공공사업을 목적으로 하는 주택'을 건설하기 위한 용지를 의미한다. 택지지구, 보금자리지구 등의 이름이 붙으면 공공택지라고 보면 된다. 공공택지에는 공적 사업 주체가 부동산을 분양하는 국민주택(공공분양)과 민간 기업의 건설사가 사업 계획 승인을 받아 자기 자본으로 건설하는 민영주택(민간분양)이 있다. 공공분양은 국가, 민간분양은 특정 기업 혹은 개인이라고 생각하면 쉽다.

택지구분		공공택지			민간택지
주택구분		국민주택 (공공분양)		민영주택 (민간분양)	민영주택 (민간분양)
시공사 (=건설사)	공공기관	O	O		
	민간기관			O	O	O
공공재정 지원 주택도시기금 지원	있음		O	O		
	없음	O			O	O
주거전용면적	수도권	1세대당 85m² 이하		평형 구분 없음	평형 구분 없음
	그 외	1세대다 100m² 이하		평형 구분 없음	평형 구분 없음

출처 : https://i-love-mystory.tistory.com/72

민간택지는 공공택지와 정반대의 개념이다. 공공기관이 아닌 민간업체가 일반인의 사유지를 매입해 조성하고 공급하는 택지로 사적 영리를 목적으로 하는 토지를 말한다. 주택 수요가 많은 도시에 위치하며 재개발·재건축 사업을 통해 나오는 아파트가 민간택지에 속한다. 하지만 기존 거주자들에게 우선 분양해야 하므로 일반 주택 수요자가 분양받을 수 있는 물량은 많지 않다. 공공택지는 저렴한 땅에 택지를 조성하기 때문에 민간택지보다 상대적으로 저렴하다는 장점이 있다. 공공기관이 주도해 개발하는 만큼 교통과 생활 편의시설 등 체계적인 기반시설이 구축된다. 또한 집값의 안정을 위해 분양가 상한제를 적용해 비슷한 입지 및 조건을 가졌던 민간택지 아파트보다 평균 15% 정도 저렴했다. 공공택지에만 적용했던 분양가 상한제는 현재 서울·경기의 민간택지에도 적용된다. '분양가 상한제'는 뒤에서 자세히 다루도록 하겠다.

2) 공공택지 VS 민간택지, 그리고 분양가 상한제

공공택지와 민간택지는 각각 어떤 특장점을 갖고 있을까? 그리고 최근 부동산 시장에서 어떤 택지가 인기를 끌고 있을까? 이를 알아보기 전에 '분양가 상한제'를 짚어봐야 할 필요가 있다.

분양가 상한제는 주택 분양 시 표준 건축비와 택지비에 건설 회사의 적정한 이윤을 더한 '분양가'를 산정하고 그 가격 이하로 주택을 분양하는 제도이다. 분양가격을 안정시켜 주택 공급을 원활하게 하는 제도로 1977년 도입됐다. 그러나 이는 획일적 상한가 규제로 주택 공급이 위축되면서 1989년부터는 분양가를 택지비, 건축비에 연동하는 원가 연동제가 시행됐다. 외환 위기로 주택 시장이 침체되자 규제가 완화됐고 1999년 국민주택기금 지원 아파트를 제외하고 분양가격의 전면 자율화가 실시됐다.

그리고 2000년대로 접어든 뒤, 신규 분양 주택의 분양 가격이 점점 높아지면서 부동산 시장이 과열되자 2005년 분양가 상한제가 부활했다. 2007년 9월부터는 이 법령이 민간택지에까지 전면 적용했으나 2015년 폐지됐다. 그 후 2019년 8월 정부는 '주택법 시행령 개정안'을 발표하여 민간택지 주택에 분양가 상한제를 적용할 수 있도록 요건을 완화했다.

마침내 2020년 7월 29일, 민간택지 분양가 상한제가 본격 시행됐다. 국토부는 '민간택지 분양가 상한제 적용기준 개선' 자료에서 분양가 상한제가 적용되는 대상은 투기과열지구지만, 그중 선택 요건 하나 이상을 충족하고 주거정책심의위원회에서 상한제 적용이 필요하다고 결정한 지역에 한하여 적용할 계획이라고 밝혔다. 적용 지역은 서울 18개 구 309개 동과 경기 3개 시 13개 동 등 총 322개 동이다.

하지만 시장 과열을 막으려던 정부의 의도는 수포로 돌아갔다. 분양가 상한제 시행 후 민간택지 공급은 줄어 커져가는 수요를 따라가지 못했고, 아파트를 지을 땅이 부족해지자 건설사들은 눈에 불을 켜고 공공택지 용지 확보에 나섰다. 엄청난 경쟁률을 뚫어야 하는 것은 물론 인기 없던 땅마저 절실하다.

한국토지주택공사에 따르면 분양가 상한제가 예고되자 2019년 분양된 공동주택용지 50개 필지 중에서 47개 필지가 매각됐다. 실제로 장기 미분양 용지였던 양주 옥정지구 공동주택용지 4개 필지가 주인을 찾았고, 2기 신도시 내 공동주택용지 역시 팔렸다.

밀양나노융합 국가산업단지 공동주택용지 C1블록은 세 번째 공고 만에 주인을 찾았다. 2019년 6월과 2020년 5월, 두 번의 공급 공고에서 단 한 곳도 신청하지 않아 외면받았던 토지였다. 경기 안성아양 공동주택용지 B-3-1블록도 부지 면적이 작아 무려 네 차례나 유찰을 겪었지만 매각에 성공했다. 2019년 9월 분양공고가 난 인천 검단지구 AB13블록, 화성 동탄2 A61블록, 파주 운정3지구 A33블록도 필지마다 100개가 훌쩍 넘는 업체가 경쟁했다.

분양가 상한제 적용 주택 거주 의무 기간

구분	분양가	의무기간
공공택지	인근지역 매매가의 80% 미만	5년
	인근지역 매매가의 80~100%	3년
민간택지	인근지역 매매가의 80% 미만	3년
	인근지역 매매가의 80~100%	2년

출처 : 국토교통부

⟨수도권 분양가상한제 적용주택 전매제한기간⟩

구분			전매제한기간	
			투기과열	그 외
현행	공공택지	분양가격 인근 시세의 100% 이상	3년	3년
		85~100%	4년	4년
		70~85%	6년	6년
		70% 미만	8년	8년
	민간택지	분양가격 인근 시세의 100% 이상	3년	1년 6개월
		85~100%	3년	2년
		70~85%	3년	3년
		70% 미만	4년	4년
개선	공공택지	분양가격 인근 시세의 100% 이상	5년	3년
		80~100%	8년	6년
		80% 미만	10년	8년
	민간택지	분양가격 인근 시세의 100% 이상	5년	-
		80~100%	8년	-
		80% 미만	10년	-

출처 : 한국경제(자료-국토교통부)

전매 제한 기간도 강화됐다. 투기과열지구의 민간택지에서는 인근 시세의 100% 이상인 지역은 5년간 전매가 제한되며 80% 미만인 경우 10년, 80~100% 미만은 8년간 전매가 제한된다. 서울의 평균 주택 보유 및 거주 기간이 약 10년 내외인 것을 고려할 때 실질적인 전매 제한 기간은 입주 후 7년 정도이다. 분양가 상한제 주택 당첨자는 전매뿐 아니라 10년간 재당첨이 제한된다. 그러니 입지 조건이 여간 우수한 곳이 아니면 신중에 신중을 기해야 할 것이다. 또한, 수도권 분양가 상한제 적용 아파트에는 최대 5년의 거주 의무 기간이 부여된다. 거주 기간은 공공택지의 경우 분양가 주변 시세의 80% 미만은 5년, 80~100% 미만은 3년이다. 민간택지는 80% 미만은 3년, 80~100% 미만은 2년이다. 공공택지와 민간택지 상관없이 분양가가 인근 시세의 100% 이상이면 거주 의무 기간이 없다.

기존에는 공공택지에만 거주 의무 기간이 주어졌었다. 전세를 끼고 주택을 구입해 차익을 노리는 '갭투자'를 예방해 집값 안정화를 위한 정책이다. 폭등하는 집값에 무주택자들은 내 집 마련의 꿈을 앗아갔다며 불만이 폭주했지만 정부는 실수요자 부담을 완화하는 정책이라고 강조했다. 그 동안 자금 여력이 부족했던 청약 당첨자는 바로 입주하는 대신 전세를 놓고 잔금을 치르는 경우가 많았다. 전세 보증금을 활용하던 방식이 불가능해진 데다 대출도 어려워졌으니 부동산 시장에서 서민들이 소외될 수 있다는 지적도 나온다. 분양가 상한제가 적용되는 지역에 청약을 계획 중인 분들은 거주 요건은 물론 자신의 자금 사정을 철저히 살펴보는 것은 필수다.

3) 규제 속 뜨거운 틈새 시장

주택법 시행령에 따라 부동산 시장의 핫한 틈새 상품으로 떠오르는 주택들이 있다. 분양가가 민간 시세의 100% 이상으로 거주 의무 기간이 없는 틈새 단지가 그 주인공이다. 1순위 청약 접수를 마감한 오산세교지구

'호반써밋그랜빌', '호반써밋라테라스'는 각각 평균 16.69 대 1, 14.66 대 1의 경쟁률을 기록했다. '파주운정신도시 디에트르더클래스'와 '파주운정신도시 디에트르라포레' 역시 각각 24.05 대 1, 36.95 대 1의 1순위 청약 경쟁률을 보였다. 특히 '파주운정신도시 디에트르라포레'는 특별공급 역대 최고의 경쟁률이다. 투기과열지구에 속하지만 민간택지 분양가 상한제 적용 지역이 아닌 '북수원자이렉스비아'는 평균 32.89 대 1의 경쟁률을 기록했다. 분양가가 인근 시세의 100% 이상이면 상대적으로 높은 분양가는 분명히 단점이라고 할 수 있다. 하지만 분양 대금을 당장 치르기 어려운 수요자가 계약금만 내고 입주 시기에는 세입자 보증금으로 잔금을 치른 후, 집값이 오르면 시세 차익을 볼 수 있다. 또 분양을 받았다가 집값이 오르면 대출을 받아 세입자 보증금을 내주고 입주할 수도 있다. 전매 제한 기간도 소유권이전등기일까지로 인근 시세의 80% 미만, 80~100% 미만으로 공급되는 단지보다 상대적으로 짧은 장점이 있어 이러한 틈새 단지가 높은 청약률을 기록했다.

'검단신도시 예미지퍼스트포레'는 분양가 상한제가 적용되는 투기과열지구의 공공택지지만 인근 시세의 100% 이상으로 거주 의무 기간이 없어 인기를 끌었다. 1순위 청약 접수 결과 특별 공급을 제외한 681가구 모집에 1만 6,908명이 몰려 24.83 대 1의 경쟁률을 보였다. 전용면적 84m²B에서는 36가구 모집에 1,510명이 몰려 무려 41.94 대 1의 경쟁률을 기록했다. 인근 시세의 100% 이상이지만 전용면적 84m²형의 분양가는 3억 9,000만~4억 4,400만 원 선으로 인근 아파트보다 저렴하다. 가장 최근 분양한 '검단역 금강펜테리움더시글로'는 1순위 청약 총 202가구 모집에 1만 1,551명이 몰리며 평균 57.18 대 1의 검단신도시 역대 최고 청약 경쟁률을 달성했다. 거주 의무 기간이 적용되지 않는 장점을 십분 활용해 '틈새'가 아닌 '대세' 지역으로 거듭난 것. 내 집 마련과 시세 차익을 기대하는 수요자 및 투자자들이 거주 의무가 없는 새 아파트에 열광하고 있다는 의미다. 계약금부터 잔금을 모두 부담하고, 의무 거주 기간을 거친다는 것은 그 누구라도 부담스럽기 마련이다.

4) 2.4대책 이후 부동산 시장은?

올해 2월 4일 현 정부 공급대책 중 최대 규모인 2.4 부동산 대책이 발표됐다. 25번째 부동산 대책인 '공공주도 3080+, 대도시권 주택공급 획기적 확대방안'이다. 정부가 주택시장 안정을 위해 서울 등 수도권과 5대 광역시 등 대도시를 중심으로 2025년까지 총 83만 6,000호 규모의 주택을 신규 공급하는 것이 주된 내용이다. 서울에서만 32만 호로 전국에 분당 신도시 8개 이상이 공급되는 셈이다. 한국토지주택공사(LH)와 서울주택도시공사(SH) 등 공공기관이 주도하는 것이 핵심이다. 재개발 및 재건축 등 사업에 공공기관이 직접 나서고 역세권, 준공업지역, 저층주거지를 개발하는 '도심 공공주택 복합사업'이 추진된다.

도심 공공주택 복합사업은 도시 내 개발이 덜 된 입지를 발굴한 뒤 LH나 SH에 주택 및 거점 복합 조성을 제안하고 그 지역을 신속히 개발하는 방식을 말한다. 법정 상한을 초과하는 용적률 인센티브를 통해 신속한 개발을 추진하고 특별건축지역으로 지정돼 일조권, 높이 제한 등 각종 도시 규제가 완화된다. 토지 소유자에게는 기존 자체 사업 추진방식 대비 10~30% 높은 수익률과 아파트 및 상가 우선 공급 등 혜택을 보장할 예정이다.

〈공급 부지확보 물량('21~'25) 추계치 총괄〉

(단위 : 만 호)

	총계	정비사업	도심공공주택복합사업			소규모	도시재생	공공택지	비주택 리모델링	신축매입
			역세권	준공업	저층주거					
계	83.6	13.6	12.3	1.2	6.1	11	3	26.3	4.1	6
서울	32.3	9.3	7.8	0.6	3.3	6.2	0.8	-	1.8	2.5
인천 경기	29.3	2.1	1.4	0.3	1.3	1.6	1.1	18.0	1.4	2.1
5대 광역	22.0	2.2	3.1	0.3	1.5	3.2	1.1	(광역)5.6 (지방)2.7	0.9	1.4

출처 : 국토교통부

이러한 정부의 발표 이후 부동산 시장은 현재 어떨까? 서울을 중심으로 수도권 아파트 공급을 획기적으로 확대한다는 방안을 내놓자 거래량이 감소하고 있다. 수요자와 투자자들은 성급히 구입하기보다는 당분간 공급 계획을 지켜보겠다는 분위기다. 실제로 올 1, 2월 거래량은 전년 동월보다 감소했다. 3월 주택 매매 거래량은 10만 2,109건으로 다시 증가했으나 지난해 같은 기간보다 6% 감소했다. 수도권은 거래량을 회복 중이지만 지난해와 비교하면 크게 부족하다. 2.4 공급대책과 세 부담 강화에 따른 영향이라 할 수 있겠다. 그리고 집값이 폭발적으로 오르지도, 잡히지도 않는 상황, 수요자나 투자자가 시장을 관망하는 이 시점이야말로 적극적으로 움직여야 할 적기다. 실제로 거래량이 줄며 매매 가격 지수가 오른 것도 사실이다. 한국부동산원에 따르면 올 3월 전국 아파트 월별 매매 가격 지수는 전월 대비 1.07포인트 올라 18개월 연속 오름세로 나타났다.

아파트값이 정부의 초강수에도 꺾이지 않자 공공분양주택에 관심을 돌린 사람들이 늘어난 것도 주목해야 한다. 공공택지 분양가 상한제의 적용으로 주변 시세 대비 분양가가 저렴해 높은 인기다. 올해 분양한 공공분양주택 중 성남시의 '위례자이더시티'는 617.57 대 1로, 당시 최고 청약률을 기록했다. 올해 공급되는 공공분양주택은 경기 의왕 고천동 일원에 공급 예정인 신혼희망타운아파트 'e편한세상고천파크루체', 과천지식정보타운 일대에 분양 예정인 '과천지식정보타운 파밀리에우미린(가칭)'이 공급될 예정이다. 이렇듯 브랜드 아파트로 공급되는 공공분양주택이 늘고 있다. 환금성도 높고 우수한 입지조건을 갖췄으니, 실수요자와 투자자들은 공공분양주택 시장에도 꾸준한 관심을 쏟아야 할 것이다.

5) 적기의 타이밍을 노려 신중히 투자!

오는 7월부터 4차례에 걸쳐 3기 신도시와 주요 택지에서 사전 청약이 시작되고 신규 공공택지 지정이 본격화된다. 국토부에 따르면 인천 계양,

남양주 왕숙, 하남 교산 등 3기 신도시 9,400가구를 포함한 약 3만 가구에 사전 청약을 실시한다. 입지는 물론 도시 인프라도 잘 구축돼 있으며 분양가 상한제의 적용으로 집값도 비교적 좋은 편이다. 10년 전매 제한과 최대 5년의 거주 의무라는 제한이 있지만, 실거주든 투자든 입지와 가격만 잘 보고 고른다면 '로우 리스크 하이 리턴'을 실현할 수 있다. 또한, 2.4대책의 일환으로 1차 신규 공공택지 후보지를 발표한 데 이어 2차 신규 공공택지 물량도 곧 발표할 계획이다. 일부 전문가들은 정부의 계획대로 주택 공급이 진행되면 장기적으로는 부동산 시장 안정에 긍정적 영향을 줄 것으로 전망하며, 공급 속도가 관건이라고 한다.

허나 필자는 3기 신도시로 단기 파동은 있을 수 있으나, 시장이 하락하는 일은 없을 거라 자신한다. 오히려 1기와 2기 때처럼 공급이 늦어지고 입주가 연기되면서 시장 가격이 올라갈 가능성이 높다. 그렇기에 실거주 목적으로 내 집을 마련할 계획이라면 기존 주택 매입도 고려해 볼 만한 옵션이다. 서울은 수요에 비해 주택 공급이 절대적으로 부족하다. 분양가 상한제로 공급 물량이 줄어드는 상황도 장기적으로 보자면 가격 상승의 요인이 될 수 있다. 따라서 주거용으로 선호하는 입지를 찾아보는 것도 또 하나의 옵션으로 염두에 둘 만하다. 부동산은 움직이지 않는 자산이지만 투자 시장과 정책은 언제 어떻게 변할지 모른다. 이런 변화를 잘 파악하고 나의 상황을 꼼꼼히 살펴 현명한 투자의 성공 전략을 짜야 할 것이다.

14.
아는 것이 힘이요 돈, '호재 파악'

주식을 해본 사람이라면 '가치 투자'라는 말을 들어본 적이 있을 것이다. 현 시점의 절대적인 수치에만 의존하지 말고 미래에 해당 주식이 가진 가치를 보고 투자하라는 뜻이다. 해당 상품이 가진 청사진과 비전을 봐야 더 큰 수익성을 판단하는 혜안이 생긴다는 말이다. 이러한 가치 투자는 부동산이라고 예외는 아니다. 부동산에서 이러한 가치 투자를 가장 극명하게 드러내고 있는 단어가 바로 '호재'이다.

1) 호재(好材): 좋은 재료

호재는 사전적 의미로 '좋은 재료'를 말한다. 경제적 관점에서는 시세에 상승 요인으로 작용하는 여러 이슈를 광범위하게 포함하는 말이다. 부동산에서 이러한 호재를 살펴야 하는 이유는, 눈에 보이는 것보다 훨씬 더 많은 상황에 의해 가격이 결정되기 때문이다. 또한 시세 변동 폭을 컨트

롤하는 것은 사람이기보다는 오히려 호재가 주체로 작용하는 경우가 상당히 많다. 즉, 사람과 사람의 입 사이에서 오르내리는 가격보다 호재라는 이슈 혹은 사건 자체가 더 큰 영향을 주기도 한다. 큰 시세 차익을 노리는 사람이라면 당연 호재가 많은 상품을 구매해야 할 것이다. 하지만 이 호재도 어떻게 사용하느냐에 따라 투자의 성공과 실패가 갈리게 된다. 아무리 좋은 재료라 하더라도 사용하지 않고 손에만 쥐고 있으면 무용지물인 것과 같은 이치이다. 그럼 이번 파트에서는 호재의 타이밍과 큰 부류에 관해서 살펴보자.

2) 호재의 타이밍?

- 모두가 다 아는 호재는 값만 올릴 뿐이다.

'A아파트 앞에 역이 하나 뚫린다고 합니다.' 나만 알고 있는 호재인 줄 알았는데, 부동산을 찾은 손님마다 이 소식을 알고 있다면 어떨까? 호재에도 타이밍이 있다. 최적의 호재는 높은 확률로 '희소성'을 내포하고 있다. 더 적은 사람이 가진 정보일수록 후에 더 큰 시세 차익을 만들 수 있다. 그 이유는, 당연 수요와 공급의 논리 때문이다. 호재를 인식한 사람이 많으면 많을수록, 해당 상품을 구매하고자 하는 소유 희망자들도 늘어나기 마련이다. 가치 투자하기 좋은 상품을 누가 놓치고 싶겠는가?

그렇다면 자연스레 상품의 시세도 상승하게 된다. 아무리 미래 시점에 현실화되는 호재라 하더라도, 그 이슈가 존재하는 이상 시세를 계속 견인하는 끝없는 불씨가 된다. 호재를 공유하고 있는 사람이 많으면 그 불씨는 더욱 크고 광범위하게 퍼져나간다. 만약 당신이 호재라고 생각한 이슈를 대부분의 투자자들이 다 알고 있다면 그 호재는 더 이상 특별한 값이 아니요, 그냥 '기본값' 정도로 인식하는 게 차라리 더 좋겠다. 해당 호재가 이미 시세 상승에 충분히 반영이 됐으므로 늦게 정보를 받아들인 사람일수록 더 큰 값을 지불해야 한다.

• **정책을 주시하되, 규제라고 두려워하지 마라.**

부동산 관련 정책은 이제 매일 뉴스와 신문에 오르내리는 주요 쟁점이 됐다. 이제는 투자자가 아니더라도 대부분의 국민이 부동산에 촉각을 곤두세우고 지켜보고 있다. 집값 안정화 목표에 따라 정부 규제 정책은 점점 디테일해지지만, 막무가내식 '뇌동투자'가 아니라면 오히려 기회를 잡을 수 있는것이 지금의 시장이다. 지레 겁먹은 투자자들이 고민하고 실수요자들은 관망할 때, 그때가 바로 찬스인 것이다.

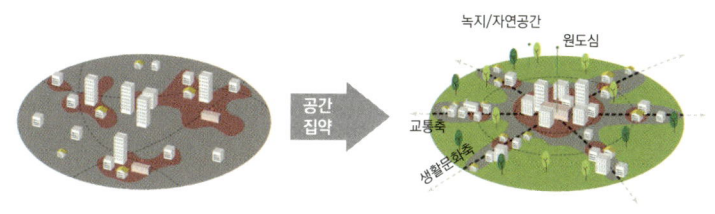

출처 : 국토교통부 제5차 국토종합계획

'공포에 사고 환희에 팔라'는 투자계의 격언이 있다. 이는 가격대가 낮을 때 사서 높을 때 팔라는 말이며, 과열되기 전 현명하게 구입해 최대한의 시세 차익을 보라는 뜻이기도 하다. 실제로 현명한 식견과 발빠른 정보를 모두 갖춘 투자자들도 시장에 뛰어들 매수/매도 타이밍을 자주 놓치는 것이 현실이다. 투자를 위한 자금을 조달하려 했더니 금융 정책에 막혀 실패하거나, 다주택을 매입하려 했더니 이전보다 더욱 강한 세율 정책이 시행된다거나, 혹은 점찍어 놨던 노른자위 택지가 묶인다거나, 이 모두가 지레 겁을 먹고 좋은 타이밍을 놓쳤기 때문에 발생하는 일들이다. 앞서 나가기 위해선 정부의 규제와 이 규제가 앞으로 어떻게 바뀔지, 그리고 그 규제를 받아들이는 시장의 '눈치'도 아울러 파악해야 한다.

- **현실성이 있어야 한다.**

호재라고 해서 다 똑같은 호재는 아니다. 자주 있는 경우는 아니지만, 상품 시세를 올리기 위해 '만들어진' 호재도 존재한다. 특정 호재가 과연 미래 시점에 달성이 가능한지 꼼꼼히 살펴보지 않으면 낭패 보기 쉽다. '2배로 오르는 지역!' 어떻게? 언제쯤? 허울 좋은 호재 소식 뒤에 숨겨진 진짜 상황을 살펴야 한다. 현실화가 가능한지 크로스 체크를 반드시 해보길 바란다.

이를 위해서는 직접 현장에 찾아가 발품을 팔아보는 게 가장 정확하다. 직접 해당 지역 부동산을 방문하여 정말로 호재 관련 사업이 추진되는지, 실제 이 지역민들은 어떻게 평가하고 있는지 살펴보면 좋다. 사실상 호재 싸움은 정보 싸움과도 같다. 정보는 양보다 질이므로, 누가 더 많은 호재를 알고 있느냐보다 누가 '진짜' 호재를 알고 있느냐가 중요하다. SNS나 인터넷, 소문으로 호재를 다 믿어버리면 오히려 덤터기를 쓰기 쉽다. 우리는 이를 '호재 거품'이라고 한다.

정리하자면 크게 세 가지로 나뉜다. 먼저 특정 지역 호재를 발견했다면, 그 호재가 얼마나 희소성을 갖고 있는지 파악해야 한다. 희소성과 미래 가치는 일반적으로 정비례한다. 희소성이 높은 금 같은 정보일수록 미래 가치도 높아지므로 하루 빨리 내가 상품을 선점하는 게 좋다. 내가 추후 얻을 시세 차익도 더욱 커질 것이다. 그리고 내 투자에 좋은 영향이든 나쁜 영향이든 끼칠 정부 정책의 종류도 살펴보자. 당장이 아닌 3년, 5년 뒤까지 알 수 있다면 더 좋다. 그러나 이 부분은 예측하기 매우 어렵다. 도움이 될 만한 팁이라면, 국토 개발 사업이나 부동산에 관련하여 정부가 발표한 5개년, 10개년 정책 발표 등을 찾아보는 것이다. 만약 호재가 들려온 특정 지역이 거론된다면 그 부분은 반드시 살펴야 한다. 마지막으로 이 호재들이 허무맹랑한 계획은 아닌지 체크하자. 충분히 현실성이 있다면 말 그대로 반가운 '호재'가 될 것이다.

3) 호재에도 종류가 있다! 종류별 특징과 사례?

호재들은 그 성격에 따라 몇 가지로 나누어진다. 특정 호재가 어떠한 수요자에게 주로 환영받는지를 파악한다면, 다른 투자자들보다 좀 더 예민하게 호재에 반응할 수 있게 된다. 그 종류와 실제 시장에서의 사례를 살펴보도록 하자.

• 교통 프리미엄

첫 번째 호재는 당연 교통 호재다. 앞서 우리는 역세권 개통 호재에 대해서 살펴보았는데, 이것이 교통 프리미엄을 상승시키는 가장 큰 호재이다. 교통 관련 호재에 꼭 역 개통만 있는 것은 아니다. 아주 사소하게는 인근에 버스 정류장 설치부터 크게는 인접 지역 공항 설립 계획, 도로 개발 등 꽤 여러 갈래가 있다. 하지만 가장 선호되는 것은 역 개통이다. 지하철역뿐 아니라 KTX, GTX 등의 기차역을 총망라하는 개념이다.

역세권이 교통 프리미엄으로 각광받는 이유는 '주거와 일자리'를 동시에 충족시키기 때문이다. 가장 강조하는 부분은 '서울 및 수도권'으로의 출근이 가능하다는 점이다. 부동산 수요자 대부분이 서울/경기도 그 외 인근 수도권에서 주택을 찾다 보니 이 지역에서의 출퇴근 가능 여부가 매우 중요하게 여겨지기 때문이다. 주택과 역의 거리가 가까우면 가까울수록 프리미엄 가치는 더 높아진다. 또한 역이 하나 있는 것보다는 2~3개 이상의 역이 중첩하여 인접해 있는 쪽이 더욱 좋다. 3개 이상부터는 '트리플 역세권'이라 부르는데, 이는 그만큼 매물이 교통의 요지에 입주해있다는 증거가 된다.

하지만 같은 역세권이라면 인근의 역이 해당 지역 중심지로 얼마나 '빨리' 갈 수 있는 노선인지를 확인해보자. 가장 쉬운 건 서울의 강남역을 예로 드는 것이다. 2호선 강남역까지 몇 분이나 걸릴지를 판단해보면 해당 역이 가진 가치를 쉽게 파악 가능하다. 반대로, 서울 및 수도권과

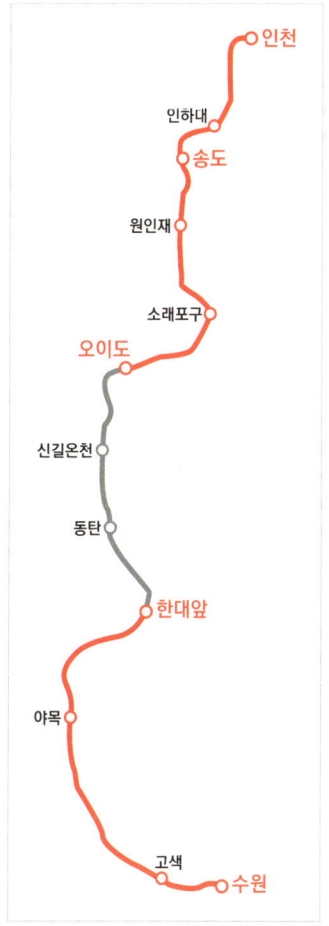

아예 먼 지역이라면 중심 상업지/번화가까지의 이동 거리를 계산해보면 된다. 이러한 역이 주택 설립 이후에 개설된다는 것은 상당한 프리미엄이다.

이러한 역세권 사례는 매우 쉽게 찾아볼 수 있다. '역세권 호재'라는 키워드로 서칭을 해보면 불과 3시간 전에도 뉴 포스팅이 존재할 정도이다. 2016년 기사에 따르면 '수인선 복선전철' 개통이 해당 지역 주택 시세에 큰 영향을 미쳤다. 수인선 인하대 역이 들어서는 용현동과 학익동 일대의 가격 상승률이 높았다. 지하철 개통 호재를 앞두고 인천SK스카이뷰 전용 100m²는 2014년 10월 3억 8,600만 원 선이었으나 2016년 1월 4억 3,000만 원에 손바뀜 되었다. 보다 과거인 2015년에도 이러한 프리미엄은 존재했다. 청라 신도시는 역 개통과 경인고속도로 직선화에 영향을 받아 시세가 크게 상승했다. 2013년 정부에서 규제 완화가 있기 전까지 시세가 분양가 이하로 뚝 떨어진 이력이 있는 지역임을 감안한다면, 당시 시세 상승은 매우 고무적인 결과였다.

- **지역 개발 소식**

 두 번째로는 지역 개발 호재가 있다. 잠재 가치는 있으나 설립된 주택이 너무 낡을 경우, 재개발 및 재건축과 같은 특정 지역 개발이 이뤄지기도 한다. 이러한 지역에 미리 소유한 주택이 있다면, 재개발 이후 프리미엄을 크게 노려볼 수 있다. 또한 경우에 따라 보상금을 받을 수 있기도 하다. 지역 개발은 3가지 종류가 있다.

재개발: 가장 단위가 크다. 도시의 환경을 개선하기 위해 시행된다. 주거/상업/공업 지역이 주로 해당되며 도시의 기능을 회복하고 상권을 활성화시키기 위해서 주도된다. 그러므로 재개발 가능성이 있는 지역은 지금 현대식 건축물이 많은 곳이 아닌, 낡고 오래되고 주택 시세가 높지 않은 지역들이라고 생각해볼 수 있다. 도시 단위로 환경이 개선되다 보니 당연히 공공성을 갖고 있다. 청약 통장과 무관하고 일반 분양가 가격 이하로 로얄층을 배정받는 게 가능하므로 소유자는 매우 큰 혜택을 누릴 수 있다. 그러나 공공성을 띤 만큼 절차가 까다로워 소요되는 시간이 매우 길다. 무리하게 자금을 끌어 써야 하는 상황이라면, 긴 시간 동안 자신이 대출이자를 감당할 수 있는지 따져보고 투자하는 게 좋다. 가장 최근 재개발 소식이 들리는 곳은 서울시 동작구 흑석2구역이다. 서울주택도시공사가 시행사로 참가하며 흑석2구역에 용적률 600%, 49층짜리 상품을 건설할 계획이라고 한다.

재건축: 중간 단위이다. 정비 기반 시설은 양호하지만 건축물이 불량이거나 노후된 경우가 많을 때, 이를 허물고 새 아파트로 짓는 것이다. 소규모 연립주택지구들이 주로 해당된다. 똑같이 노후 건물을 탈바꿈시키는 것이지만 재개발에 비해 비교적 인프라가 양호한 지역이라 모든 걸 다 갈아엎는 수준은 아니다. 공공시행도 가능하지만 조합도 주체가 될 수 있다. 재건축의 경우 주거 이전비 등에 대한 보상이 없다. 또한 조합원으로 참가해야 자신의 권리를 재건축 기간 동안 주장할 수 있으므로 그 과정에서 잡음이나 마찰이 생기기 쉽다. 기간의 경우 해당 지역과 시공사 선정에 따라 천차만별로 나뉘게 되지만 일반적으로 재개발보다는 짧은 편이다.

가로주택정비사업: 가장 작은 단위이다. 가로주택정비사업 자체가 2018년 도입된 개념이라 기존 투자자들에게 생소할 수 있다. 기존 저층 주거지의 도시 조직과 가로망을 유지하며 주거 환경을 개선하는 사업이다. 대상 지역은 도시계획시설 도로로 면적이 1만 제곱미터 이하여야 한다. 최근 부동산 규제가 강화됨에 따라 재개발/재건축이 모두 위축된 상황이라 가로주택정비사업으로 눈길을 돌리고 있다. 규모가 작다 보니 소요되는 시간도 매우 짧다. 재개발/재건축보다 2~3년 정도를 더 단축시킬 수 있어 매우 효율적이다. 필요 조건을 충족한다면, 분양가 상한제가 적용되지 않아 선호도가 높아지고 있다.

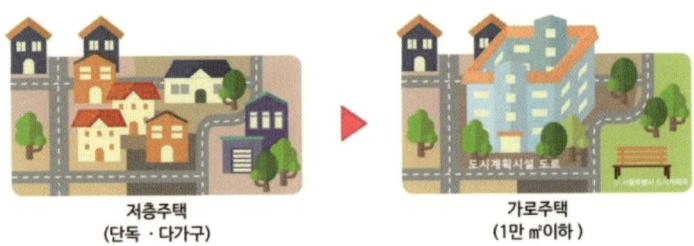

저층주택
(단독·다가구)

가로주택
(1만 ㎡이하)

사진출처 : 서울시 도시계획국

    예로는 부산시 동구 조방로의 가로주택정비사업이 있다. 노후된 저층 아파트를 대상으로 선정하여 공동주택 및 오피스텔을 신축하겠다는 사업이다. 이 지역은 이전 재건축 사업에 한번 도전했다가 조합원들의 의견 마찰로 무산된 적이 있다. 그 후 규제로 인해 진행되지 못하다가 가로주택정비사업으로 방향을 전환한 예이다. 추후 시세 상승이 기대되는 곳 중 하나이다.

- **부동산 정책 변동**

1. LTV규제 적용대상 확대
   ① 투기지역·투기과열지구의 개인사업자 주택담보대출 LTV 규제 확대
      - (현행) 개인 사업자 중 **주택임대업자의 주택담보대출**에 대하여 LTV 40% 규제가 도입되어 있음
      - (개선) **주택매매업자**에 대해서도 LTV 40% 규제 도입
   ② 투기지역·투기과열지구의 법인 주택담보대출 LTV 규제 도입
      - (현행) 법인 주택담보대출의 경우 LTV 규제가 없음
      - (개선) 주택임대업·주택매매업 법인에 대하여 LTV 40% 규제 도입
   ③ 규제지역(투기지역·투기과열지구·조정대상지역)의 **부동산담보신탁**을 활용한 수익권증서 담보대출에 LTV 규제 적용

국가의 정책 변동도 호재가 될 수 있다. 부동산 규제가 심화되고 있다곤 하나, 여전히 정책상의 호재는 존재한다. 단, 이 경우 상당히 제한적인 지역에만 수혜가 되는 경우가 있다. 그러므로 정책 변동이 어떤 지역에 유리하게 작용할지를 판단할 수 있어야 한다. 주로 대출과 관련된 정책 변동이 잦다. 만약 특정 지역이 자금 규제에서 벗어나게 된다면, 이 자체만으로도 해당 지역 부동산엔 큰 호재로 작용한다. 그 예시로 2019년 10월 1일 발표된 분양가 상한제 정책을 살펴보도록 하자. 이 경우, 분명 규제를 위한 정책임에도 불구하고 달리 생각해보면 특정 지역엔 오히려 호재로 인식이 가능했다.

간략히 요약하자면 위의 정책은 LTV 시행 확대로 주택매매업자, 주택매매업 법인회사 등 모두 LTV 40% 규제를 도입하겠단 것이다. 단, 중요한 단서가 존재하는데 바로 '투기지역 및 투기과열지구'라는 말이다. 즉 이 요건에 해당하지 않으면, LTV규제 강화의 대상이 아니므로 역설적으로 불이익을 면할 수 있다는 말이다.

만약 인천 지역과 서울 지역 중 투자 적합 대상을 고민하고 있던 사람이 있다고 가정해보자. 이 사람에게 위와 같은 정부 규제는 인천 지역 투자를 선택하게끔 하는 중요한 촉매제 역할을 한다. 그렇다면 오히려 역으로, 규제가 강화된 지역은 당연 투자가 줄어들어 시세 상승을 조금 막을 수 있다지만, 반대로 그 외 지역은 풍선효과로 투자가 더 커져 시세가 상승할 수도 있다. 해당 규제가 터지기 이전에 미리 인천 지역의 아파트나 주택 상품을 구매했다면 그 사람은 쏠쏠한 시세 차익을 노리는 것이 가능해진 셈이다. 부동산 규제는 최근 들어 더욱 변동 주기가 짧아지고 있고, 강도도 높아지고 있다. 그러나 이러한 규제가 모든 투자에 불리하게 나타나는 것은 아니다. 누군가에게는 호재로 작용할 가능성이 얼마든지 존재한다.

"규제라고 다 나쁜 것이 아니다!"

그러므로 부동산 정책 및 정부의 방향이 어떻게 변동될지도 잘 살펴야 한다. 이 모든 것들이 호재로 맞아 떨어지는 지점이 존재하기 때문이다. 만약 이미 특정 주택을 보유하고 있다면 해당 주택 입지 관련된 정부 동향을 유심히 살펴봐야 할 것이다. 혹은, 정부의 방향성을 예리하게 분석하여 호재로 소화할 수 있는 선택을 하는 것도 좋다. 초보 투자자라면 어려운 일이겠지만, 불가능하지는 않다. 부동산 시장을 다각도로 분석하고 거시적인 관점을 가지면 된다. 각종 이슈 및 변동에 촉각을 곤두세워보자.

4) 호재, 어떤 자세로 소화해야 하나?

이처럼 호재는 종류가 다양하다. 하지만 '호재'라는 좋은 말에 쉽게 반응해선 안 된다. 호재가 터진 적은 많았지만 해당 상품에 투자한 모든 사람들이 부자가 된 건 아니기 때문이다. 실제 안타까운 사례로, 호재가 있었음에도 불구하고 시세가 상승하지 않아 이득을 보지 못한 투자자들이 많다. '호재 거품'에 당했다는 말이 있는 이유이다. 호재인 줄 알아 큰 시세 차익을 기대하고 쉽게 들어갔다가 결국 거품 속에서 손만 털고 나온 것이다. 그렇다면 우리는 어떤 자세를 가져야 불상사를 막을 수 있을까?

5) 크로스 체크

정보에 항상 예민해야 한다. 팩트를 한 번만 체크해선 안 되고 크로스 체크로 면밀하게 따져보는 것이 중요하다. 투자자들 중에는 정보의 즉각성을 더 중요하게 여겨, 정보를 캐치하자마자 바로 매수에 나서는 사람도 있다. 안타깝게도 정보에 빠르게 반응한다고 해서 큰 시세 차익을 거둔다고 말할 수는 없다. 가장 좋은 것은 정보를 남들보다 빨리 알되, 크로스 체크할 수 있는 시간까지 확보하는 일이다. 하지만 이러한 일은 당연 힘들다. 그럴 때는 속전속결식 마인드보다 '돌다리도 두들겨보고 건넌다'는 마음가짐이 필요하다. 호재가 뜨면 해당 정보를 가급적 신뢰가 가능한 수준으로 크로스 체크 해보길 바란다.

방법은 여러 가지가 있지만 현장 답사를 통해 실제 육안으로 체크해보는 게 좋다. 토지의 상황이나 주변 상가 개발 상황, 인프라 보유 정도를 체크해보자. 답사가 어렵다면 해당 지역을 중심으로 활발하게 움직이는 온라인 커뮤니티도 좋다. 최근에는 포털사이트 카페를 비롯하여 각종 인터넷 커뮤니티에서 부동산 관련 실제 정보들이 오가고 있다. 인터넷 정보라 현장 답사보다는 신뢰성이 떨어질 수 있다. 그러나 믿을 만한 게시자의 글을 참고하면 크로스 체크에 큰 도움을 받을 수 있겠다.

(1) 자금 상황 체크

분명 호재인 것도 체크했고, 믿을 만한 정보인지도 체크했다면? 당연히 망설임 없는 투자가 진행돼야 한다. 하지만 자신이 가진 그릇을 판단하는 일은 호재와 관계없이 현실적인 면에서 중요하다. 부동산의 경우 유동 자금이 부족한 사람들은 대출을 이용한 레버리지 효과를 노릴 수밖에 없다. 그러나 호재가 만들 수 있는 시세 차익은 정확한 예측이 불가능하다. 좋은 정보인 것이 틀림없다 하더라도, 그 정보가 나에게 얼마나 큰 이익을 만들어줄지는 아무도 장담할 수 없다.

그러므로 무리하게 자금을 끌어다 투자하면 낭패를 볼 수도 있다. 핸들링이 가능한 상황에서 투자를 결심해야 한다. 레버리지 효과를 노린다 하더라도 감당 가능한 범위여야 실제 나에게 '이윤'이 된다는 뜻이다. 호재는 말 그대로 호재일 뿐, 무조건 이득을 남기게 해주는 마법은 아니다. 자신의 자금 상황을 먼저 체크해보고 현실적으로 투자하는 자세가 필요하다.

(2) 과거 유사 상황 체크

지난 부동산 시장의 양상을 살피면 현시점에서 나타난 호재가 어떤 모습을 보일지도 일부 예측이 가능하다. 부동산 투자에 참가하는 사람들은 계속해서 늘고 있지만 과거 주요 투자자들도 늘 잔존해 있다. 그러므로 유사한 호재에 관해서 과거에 시장이 어떤 양상을 보였는가를 살피는 것이 좋다. 호재 거품에 당하지 않기 위해 혜안을 기르는 자세이다.

최근에 떠오르는 이슈인 3기 신도시만 보아도 알 수 있다. 3기 신도시를 두고 많은 투자자들이 우려를 표하지만, 2기 신도시가 시장에 어떤 영향을 줬는지 돌이켜 보면 크게 겁먹을 일이 아님을 알 수 있다. 물론 과거의 양상이 현재와 미래에 고스란히 적용된다는 것은 아니다. 그러나 부동산 시장은 생각보다 보수적이고 변혁이 석기 때문에 충분한 참고 포트폴리오가 된다.

6) 결국 호재, 투자자의 스마트함이 중요하다

이처럼 '호재'라는 키워드 안에는 꽤나 복잡한 사실들이 숨어있다. 분명 나의 시세 차익에 긍정적 도움을 주는 것은 맞다. 그러나, 투자자가 어떻게 호재를 이용하느냐에 따라서 그것은 거품이 될 수도 있고 큰 이익이 될 수도 있다. 내가 투자를 희망하는 지역에 뜬 호재들을 잘 살피자. 교통/지역 개발/정책 변동 그 외에도 교육시설이나 의료시설 설립, 자연 경관 조성 및 공공기관 입주 등 매우 다양한 호재들이 있다. 이를 바탕으로 이 정보가 현실성이 있는지, 얼마나 희소성을 가진 정보인지도 살펴야 한다. 거품에 당하지 않기 위해서는 크로스 체크를 충분히 거친 뒤 신뢰성을 높이고 나의 자금 상황에 적합한지도 따져보면 된다. 나열해보면 꽤나 거창하지만, 실제 투자자들이 가져야 할 기본적인 덕목일 뿐이다.

15.
입장과 퇴장을 함께 생각하라, '환금성'

　부동산 투자에 앞서 고려해야 할 세 가지가 있다. 수익성, 안정성, 환금성이다. 투자의 목적은 수익을 내고 자산을 증식하기 위함일 것이다. 그래서 누구나 높은 수익률을 기대하고 투자에 뛰어든다. 투자의 기대 수익률이 예금 금리보다 낮다면 그 위험 부담을 안고 투자할 사람은 없을 것이다. 따라서 투자를 결정할 때 가장 먼저 고려하는 요소가 바로 '수익성'이다. 그런데 수익률이 높아도 본전도 찾지 못하고 리스크만 너무 크다면 그것을 투자라고 할 수 있을까. 그래서 안정성을 따져 봐야 한다. 수익성 이전에 나의 소중한 자산을 손실 없이 유지하는 것이 우선이므로 안정성은 투자에서 가장 중요하게 여기는 요소다.

　수익성과 안정성은 용어의 의미를 쉽게 알 수 있지만, 환금성은 조금 낯선 사람도 있을 것이다. 많고 어려운 부동산 용어 중에서도 필수적으로 알아야 할 용어 중 하나가 바로 '환금성'이다. 이번 장을 통해 환금성의 개념과 함께 부동산 시장에서 환금성의 중요성을 알 수 있기를 바란다.

1) 부동산 투자의 약점, 환금성

환금성(換金性)이라는 용어의 의미는 단어 속에 있다. 부동산에서 환금성은 현금으로 바꿀 수 있는 성질, 즉 부동산의 현금화 가능 여부를 말한다. 해당 부동산이 현금으로 바꿀 능력 혹은 가치가 얼마나 있는가를 의미하는 것이다. 현금이나 목돈이 필요한 상황에서 내가 소유한 부동산을 쉽고 빠르게 현금화할 수 있다면 환금성이 좋은 상품이다. 아무리 좋은 부동산이 있더라도 내가 원할 때 현금화할 수 없다면 환금성이 좋다고 할 수 없다. 따라서 환금성이 좋다, 높다는 것은 수요가 넉넉해 주택 거래가 활발하다는 뜻이고 원금의 손실 없이 합리적인 가격으로 처분할 수 있다는 뜻이다. 원금 회수 기간이 긴 주택은 불확실한 상황에서 가치가 떨어질 수밖에 없다. 짧은 시간 내에 원금을 합리적으로 회수할 수 있는 부동산은 환금성이 높다. 부동산을 사기 전에 신중에 신중을 기했듯 팔 때 역시 신중한 투자가 필요하다. 부동산은 수익성과 안정성이 높은 투자 상품이다. 다른 자산과 달리, 거래 비용이 많이 드는 데다 거래 시간도 길어 부동산의 치명적인 약점을 환금성으로 꼽는다. 특히, 원하는 시기에 부동산 시장이 침체기라면 거래량 감소로 환금에 손해를 보기도 하고, 시장 동향을 장기간 파악해야 하는 등 많은 정보와 시간이 필요하다. 이러한 이유로 부동산 투자자들은 투자하려는 부동산의 조건이 같다면 환금성이 높은 쪽을 선택한다.

부동산 시장에서 환금성은 전·월세, 분양권 등을 쉽게 사고팔 수 있는 것을 의미한다. 환금성이 높아야 주택을 쉽게 매각할 수 있다. 살 때만큼 팔 때도 비싼 값을 받아야 부동산의 가치가 높은 것이다. 기분 좋게 입장한 만큼 기분 좋게 퇴장해야 좋은 부동산이다.

그렇다면, 어떤 요건을 갖춰야 환금성이 좋다고 할 수 있을까?
환금성의 극대화를 위해 투자 수요와 실거주 수요가 높은 역세권 대단지 아파트, 그중에서도 거래가 활발한 전용면적 $85m^2$ 미만의 중소형 물건을 추천한다. 역세권 대단지 아파트의 경우 주변 상권 활성화로 주거환경과 거주 만족도가 높다. 이러한 곳들은 거래도 활발하기에 환금성 면에서 유리하다.

또, 희소성이 높아야 한다. 희소성이 높은 주택은 공급 물량이 적다고 해석할 수 있다. 희소가치가 있다는 말은 곧, '돈이 된다'는 뜻이다. 그 밖에도 미래 가격 상승의 기대가 있는 주택 역시 환금성이 높고, 장기 임대가 가능한 임차인을 확보하는 것도 장기간 안정적인 임대료를 확보할 수 있어 환금성이 높다.

그런데 환금성의 하락은 자칫 부동산 시장을 왜곡된 눈으로 바라보게 한다. 부동산 시장이 냉각되면 주택 가격이 하락했다는 기사가 쏟아진다. 단, 인기 지역 아파트 가격에 한해서다. 비인기 지역의 주택은 가격 하락 기사를 거의 찾아볼 수 없다. 이것을 보며 평소 가격 거품이 생겼다고 생각하는 사람들이 많다. 그러니 경기가 위축됐을 때 인기 지역의 주택 가격 거품은 제거되고, 비인기 지역은 평소에도 가격 거품이 거의 없기에 가격 하락이 없는 것처럼 보인다.

경기가 침체하면 인기 지역이 비인기 지역보다 집값이 내려가고, 빌라보다 아파트가, 비역세권 아파트보다 역세권 아파트의 가격이 더 많이 하락하는 경향이 있다. 일반적으로 수요가 많은 상품은 가격이 오르기 마련인데 부동산은 우리의 상식과 조금 다르다.

수요가 많은 부동산이 수요가 적은 부동산보다 가격 하락의 폭이 더 크다. 이러한 이유가 바로 '환금성' 때문이다. 경기 침체 시, 수요가 많았던 주택의 수요가 줄었을 뿐 어느 정도의 수요는 남아 있다. 다만, 경기가 좋았을 때와 똑같은 가격으로 사는 게 아니라 더 싸게 사고 싶어진다. 이 같은 상태에서 전보다 훨씬 싼 매물이 나타나면 경기가 나빠도 거래가 된다. 당연히 통계에는 집값이 크게 하락한 것으로 나타날 수밖에 없는 것이다. 그러면 수요가 적은 주택은 어떨까? 수요가 많았던 상품은 싼 가격에 급매를 노리는 수요라도 있지만 그렇지 않은 상품은 그마저도 없다. 그래서 가격이 폭락하지 않는 것처럼 보일 뿐이다.

2) 환금성 높은 주택을 잡아라!

최근, 풍부해진 유동 자금이 부동산 시장으로 흘러들며 환금성이 높은 수익형 부동산이 인기를 끌고 있다. 투자자들 역시 수익형 부동산에 주목해야 한다. 정부의 부동산 대책으로 주택을 이용한 단기 투자가 어려워지고 저금리 기조의 장기화로 진입 장벽이 낮은 소형 상품들이 강세를 보이기 때문이다. 대형 상품과 비교하면 목돈도 들지 않고 상대적으로 저렴한 비용으로 투자할 수 있어 위험 부담이 적다. 비용 면에서 부담이 낮은 만큼 환금성이 높고, 임차인 모집도 유리해 안정적인 수익률 확보가 가능하다. 한국부동산원의 자료에 따르면 전국 전용면적 $40m^2$ 이하의 수익률은 올해 2월 5.04%로 가장 높게 나타났다. $41m^2$~$60m^2$ 이하가 4.55%, $61m^2$~$85m^2$ 이하가 3.95%, $85m^2$ 초과가 3.78%인 것을 보면 소형 상품의 경쟁력을 알 수 있다.

실제로 분양 시장에서 소형 상품의 인기는 입증됐다. 2020년 10월 서울 강남구의 '역삼센트럴 2차 아이파크'는 67세대 모집에 1,309건이 몰려 평균 경쟁률 19.54 대 1, 최고 청약경쟁률 127 대 1을 기록했다. 단지는 전 세대가 전용 면적 19~$30m^2$의 소형 평형이며, 지하 4층~지상 7층 총 67실 규모의 도시형 생활주택이다. 같은 해 11월 서울 동대문구의 '청량리역 롯데캐슬SKY-L65 섹션오피스'는 청약 경쟁률 40.8 대 1을 기록했으며 이틀 만에 전 호실이 완판됐다.

부산항 재개발 사업지 내 분양 예정인 '롯데캐슬드메르'는 역대급 청약 열풍으로 전국적인 관심을 모았다. 평균 356 대 1의 역대급 청약에 이어 전 타입 조기 분양 완료됐다. 단지 주변에 다양한 인프라 시설이 조성되며, 인근 해양 문화 공간에서 휴식과 여가를 누릴 수 있다. 청약 통장을 사용하지 않아도 되니 계약자가 1순위 자격을 유지할 수 있고 전매도 가능하다. 대형 건설사의 메이저 브랜드로 조성되는 만큼 상품성이 우수하고 향후 시세 가치 상승이 기대돼 환금성이 높은 상품이다.

환금성이 높아 부동산 시장의 '샛별'로 떠오른 주택이 있다. 바로 '단지형 단독주택'이다. 그동안 단지형 주택의 단점은 환금성이었는데 환금성으로 다시 인기라니 부동산 시장은 정말 알다가도 모를 일이다. 불과 얼마 전까지도 단독주택의 이미지는 어땠나. 행복한 노년을 꿈꾸는 은퇴 세대, 장년층의 주택이라는 인식이 컸다. 하지만 최근 집값 상승과 단독주택의 장점이 주목받으며 단지형 주택의 인기가 치솟기 시작했다. 아파트와 다름없는 관리 시스템, 도시 생활이 가능한 입지 조건 등을 갖추고 단지형 조성과 단독주택의 장점을 더해 과거의 단점을 보완했으며 약점으로 지적되던 높은 환금성까지 갖췄다.

그렇다면, 이렇게 환금성이 높아진 이유는 무엇일까? 아파트의 경우 평형, 면적, 층수, 주변 입지 등 주택 가격을 결정짓는 여러 요소가 규격화돼 있다. 이것을 다른 주택과 비교해볼 수 있어 거래나 시세 형성이 쉬우며, 이는 높은 환금성으로 나타났다. 단독주택이 아파트처럼 단지화하고 대형 건설사가 시공에 참여해 브랜드화를 거쳐 상품성 있는 매력적인 주택으로 거듭난 것이다. 한국감정원의 통계 자료에 따르면 단독주택 매매 가격 지수는 2017년 3월까지 0.05~0.07포인트(P)였다. 그러다 같은 해 4월부터 0.2포인트(P) 이상의 상승 폭을 유지해왔다. 2017년 11월, 기준 수치인 100을 기록한 뒤 꾸준히 올라 2021년 3월 110.1을 기록했다. 기존 분양 상품은 최근 분양가 대비 실거래가가 크게 상승했다.

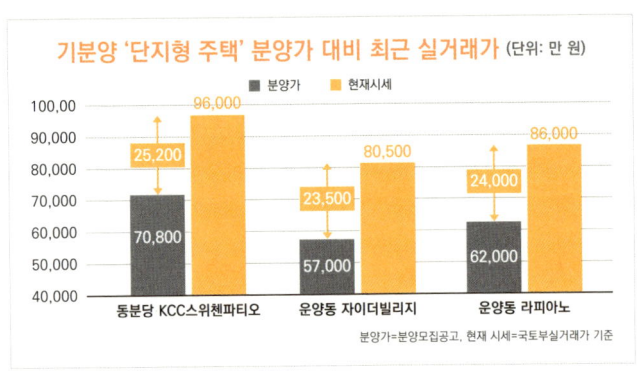

국토교통부 실거래가 공개 시스템에 따르면 2020년 10월 김포 '운양동 자이더빌리지 5단지' 113A1 타입이 분양가 대비 2억 3,500만 원 오른 8억 500만 원에 손바뀜(*부동산 투자 상품의 주인이 바뀌는 상황)됐다. 분당의 '도촌동 동분당KCC스위첸파티오' 124A 타입의 경우 분양가 7억 800만 원에서 9억 6,000만 원으로 거래돼 약 2억 5,200만 원의 프리미엄이 붙었다. 가격 상승세와 함께 분양 경쟁률 역시 뜨겁다. 2021년 첫 단지형 주택인 '힐스테이트라피아노삼송'은 최고 55 대 1의 경쟁률로 청약을 마감했다. 세종시의 블록형 단독주택 '라포르테'는 평균 경쟁률 38.8 대 1에 달했고, 고양시 '삼송자이더빌리지'는 최고 133.7 대 1의 경쟁률을 보였다.

환금성이 높은 단지형 단독주택의 상승세 속 수도권 대규모 신도시에 조성되는 단지형 주택과 단지형 테라스하우스의 분양도 주목해 볼만하다. 광주 계획도시인 태전·고산지구에 들어서는 단독형 테라스하우스 단지인 '라시에라태전', 양주 옥정신도시에 들어설 블록형 단독주택 '월드메르디앙 양주 옥정 라피네트더테라스'가 있다.

3) 환금성은 새옹지마(塞翁之馬)

인생지사 새옹지마라 하였던가? 부동산 시장 역시 새옹지마다. 환금성이 높다고 무조건 즉각적인 수익이 보장된 것도 아니며, 집이 팔리지 않아 어쩔 수 없이 장기 보유해야 했던 상황에서 엄청난 수익이 터질 수도 있다.

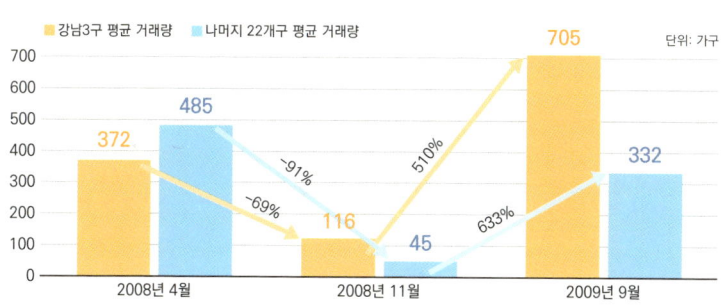

지역별 아파트 거래량 변화

실제로 2008년 국제금융위기 때, 같은 서울이라도 집값이 높은 강남

3구(서초·강남·송파구)는 거래량이 69% 줄었고, 나머지 22개 자치구는 91%나 줄었다. 그런데 같은 기간 강남 3구의 아파트값은 4.45% 하락했는데 그 외의 지역은 오히려 1.69% 상승한 것으로 나타났다. 거래량이 많았던 강남 3구의 집값이 하락한 것은 급매물 거래량이 증가했기 때문이다. 상대적으로 거래량이 적은 지역의 집값은 급매물이 팔리지 않았기 때문에 집값이 하락하지 않은 것처럼 보이는 것이다. 경기 회복 시기에는 정반대로 나타난다. 강남 3구의 거래량 증가율은 510%였고, 그 외 지역의 증가율은 633%로 훨씬 크다. 경기가 다시 살아나자 강남 이외의 지역의 급매물도 팔리기 시작한 것이다. 이때는 강남 아파트의 매매가 상승률이 훨씬 높게 나타난다.[15]

환금성이 떨어지는 것은 부동산 투자에서 큰 약점이 될 수 있지만 아닐 때도 있다. 경기 침체기에 팔고 싶어도 오랫동안 팔지 못해 본의 아니게 장기간 보유해야 했던 사람이 수익을 내기도 하니 말이다. 참 아이러니한 일이 아닐 수 없다. 그러므로 부동산 투자에서 무조건 환금성이 좋아야 한다는 고정관념에 빠지지 않는 것이 좋다.

---

15) 출처 : 매거진한경(아기곰의 부동산 산책)

D.

규제와의 한판!
주택 투자의 전장으로

16. '영끌'이란 꼭 나쁜 걸까?
17. 부동산 정책, 지난 10년을 알아야 앞으로 10년이 보인다
18. 투자란 없다? No, 안주란 없다!
19. 시작이 초라하다고 결말이 초라한가

D.
규제와의 한판! 주택 투자의 전장으로

주택 구매 혹은 주택 투자의 시기에 대해서는 항상 많은 말이 나온다. 특히 '지금은 시기상조다.' 하는 표현을 흔히 볼 수 있다. 이를테면 부동산 거품이 최고조라느니, 지금 같은 시기에는 가격이 내려갈 일밖에 없다느니 하는 식이다. 주택 가격이 한두 푼도 아니니 우리는 신중해질 수밖에 없고, 이런 말들에 충분히 마음이 흔들리기 마련이다. 그러나 잘 생각해보아야 한다. 사실 주택 구매나 투자에 대해서 시기상조니 머니 논하는 사람들은 이미 다 집이 있는 사람들이라는 것을.

주택을 구매하거나 투자할 때 시기를 신중하게 고려해야 하는 건 당연한 일이다. 그러나 부동산 시장에서 습관처럼 나오는 '시기상조'라는 말은 결론적으로 맞아떨어진 적이 없다. 주택을 소위 주식이나 코인처럼 '단타'를 위한 투자 수단으로 여긴다면 일부 맞아떨어지는 사례도 볼 수 있지만 주택을 '단타' 투자로 활용하는 경우는 드물다. 부동산은 장기 투자 수단이며 그 시장 안에서 시간은 항상 돈이 되어 돌아왔다. 서울 어떤 아파트든 하나를 골라 10년 전 가격과 지금을 비교해보면 이 말이 무슨 의미인지 바로 이해할 수 있을 것이다.

내가 주택을 구매해야 할 때는 더도 말고 덜도 아닌 마음먹은 바로 지금이다. '알아보고 해야지', '나중에 조금 진정이 되면 해야지' 안주하면 때는 늦다. 투자에서 중요한 건 공부가 아니라 그 공부를 통해 결단하고 실행하는 추진력이다. 내가 지금 어떻게든 노력하지 않으면 내 집은 앞으로도 없을지 모른다.

16.
'영끌'이란 꼭 나쁜 걸까?

　서민들에게 대출 없이 집을 사는 일이란 꿈과도 같다. 지긋지긋한 이자와 상환일의 압박에서 자유로워질 수 있게, 차근차근 쌓인 내 돈으로 턱하니 집을 산다면 얼마나 좋겠는가. 하지만 주변을 둘러보자. 대체 어느 누가 대출 없이 집을 사는지. 아마 대부분은 그런 경우를 찾을 수 없을 것이다. 그런데 정부에서는 이런 서민들의 사정을 알면서도 점차 대출 없이 집을 사라며 우리의 목을 조여온다. 네이버에 가계 대출에 관해 뉴스를 검색해보면 부정적인 뉴스 일색이다. 대체 부채 비율이 어느 정도이길래 이렇게까지 우리를 힘들게 할까?

1) 가계 부채 그 실체를 파헤친다

　가계 부채의 위험성에 대해서 지적해온 것은 한두 해의 일이 아니다. 이러한 우려로 꾸준하게 주택담보대출 및 일반 대출에 대한 제재가 가해져 왔다. 하지만 가계 부채에 관한 2020년 통계청의 조사를 보면 2017년부터 지금까지 가계 부채 증가 속도는 완만한 편이었다. 아래 그래프를 보자. 2017년부터 2020년 사이에 부채는 천천히 늘어 약 1,200만 원 정도 상승한 것을 알 수 있다.

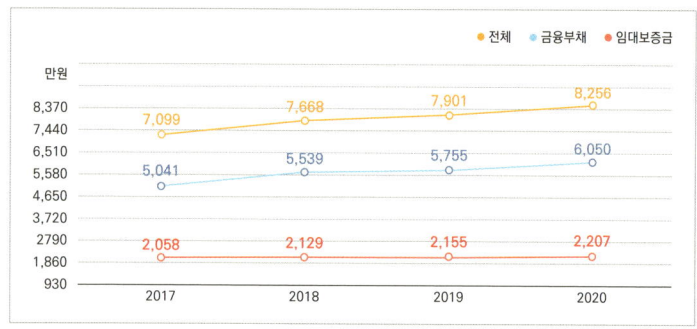

가구 부채란?
: 가구가 보유하고 있는 부채의 평균액을 나타내는 지표로 금융부채와 임대보증금으로 나뉨

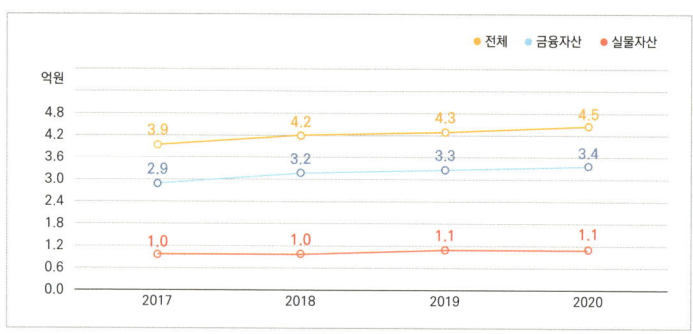

가구 자산이란?
: 가구가 보유하고 있는 자산의 평균액을 나타내는 지표로 금융자산과 실물자산으로 나뉨

하지만, 주택 가격에 관한 그래프를 본다면 옆의 그래프와 다시 한 번 비교해 보게 된다. 같은 시기 서울 주택 가격은 3억 9,000만 원에서 4억 5,000만 원까지 상승했다. 약 6,000만 원 정도가 늘어난 것이다. 그리고 이것을 간단하게 계산하면 대출이 1,200만 원 느는 속도와 집 가치가 6,000만 원 증가하는 속도가 같다는 뜻이다.

이는 평균치이므로 이보다 더 높고 낮음의 차이는 있겠으나 대체로 주택 구매를 위해 대출을 받더라도, 일정 시간 이후에는 대출로 인한 피해보다 가격 상승을 이룰 수 있다는 기대감을 갖기에 충분하다.

또한 각종 금융 기관에서 위험하다 지적하는 것은 무리한 투자 목적의 대출인 경우가 많다는 것도 염두에 둬야 할 점이다. 최근 전세 보증금은 잉여 자금이 아니라 관리해야 할 단기 채무로 봐야 한다는 시각이 우세하다. 그렇다면 전세 임대 매물을 소유한 사람은 자본을 가진 이가 아닌 채무자로 치부하는 것이다. 때문에 위험을 지적하는 것이기도 하다.

하지만 이 역시도 무리하게 추정하는 부분이 있다. 최근 부동산 시장의 문제는 물량의 부족이다. 아무리 지금 부채로 남아있다 하더라도 원하는 시기에 매매할 수 있는 물건이라면 특히 지금과 같이 물량 부족으로 아우성인 시기일수록 빠른 매매와 높은 시세 차익을 얻을 수 있는 것이 현실이다. 이론으로만 따지고, 실제와 비교해 보지 않으면 이러한 여론에 휩쓸려 막연하게 부동산 투자와 대출에 부정적인 생각을 가질 수밖에 없다.

알아둬야 할 점이 하나 더 있다. 홍남기 국무총리 권한대행이 4월 29일에 발표한 총부채원리금상환비율(DSR) 조절에 관한 발표이다. 총부채원리금상환비율이란 기존의 DTI가 기타 부채를 이자 상환액만 봤던 것을 확대해 기타 부채의 원리금 상환액까지 포함해 연소득으로 나눠 비율을 파악하는 방식이다.

DTI와 DSR의 차이
- DTI: (주택담보대출 원리금 상환액 * 기타부채 이자상환액)/연소득
- DSR: (주택담보대출 원리금 상환액 * 기타부채 원리금상환액)/연소득

때문에 DTI에서는 보험 대출, 시중 은행의 신용 대출에서 비교적 자유로웠으나 이제는 무시할 수 없게 됐다. 그리고 순차적으로는 저축은행, 새마을금고 등의 제2금융권에도 적용된다. 4월 29일 발표에서는 이 비율을 점차적으로 40%로 맞춘다는 내용이 포함되어 있었다. 이는 2023년 완료 예정으로 이것이 적용되면 고위험도 대출자를 위주로 압박이 가해질 전망이다.

하지만 겁먹을 필요는 없다. 이미 가계 대출은 여러 방향에서 규제가 얽혀 있는 상황이라 무리한 영끌도 쉽지 않은 것이다. 또한 2023년까지 점진적으로 적용될 예정이고, 기존의 대출이 많지 않은 실수요자라면 너무 걱정하지 않아도 되는 것이다.

그리고 다른 통계를 하나 더 소개하고 싶다. '2020 서울시 복지실태 조사 기초분석 보고서'를 본다면 가계 부채에 대한 서민들의 사정을 좀 더 자세히 들여다볼 수 있다. 보고서에 따르면 서울 전체 가구의 평균 부채는 약 4,480만 원이지만, 실제 빚을 지고 있는 가구만으로 계산하면 평균 1억 원 정도의 부채를 가지고 있는 것을 알 수 있다. 또한 이들의 부채 이유 1순위는 전월세 보증금 마련으로 43.2%, 거주용 주택구매 38.7%, 투자 목적이 5.0%였다. 이 통계만 보아도 실거주자, 세입자가 대출의 큰 비중을 차지하고 있는 것을 알 수 있다. 실제 대출을 받는 이들이 무조건 투기꾼은 아니라는 사실을 방증하는 자료다.

그에 비해 세입자들의 주거의 질이 낮아지고 있는 것도 현실이다. 2년 전 통계와 비교하면 자가 소유자는 3%p 늘고, 전세 세입자는 3%p 감소했다. 월세 세입자도 2%p 상승했다. 갈수록 전세 비율이 줄고, 월세 비율이 늘었다. 더욱이 금리가 마이너스에 가까워질수록 전세 물량이 감소할 것을 감안하면 앞으로 월세 세입자의 비중이 더 늘어날 것은 당연한 수순이다. 또한 최근 갭투자 등이 늘면서 임대인이 전세 보증금을 향해 가지는 태도가 자산에서 부채로 바뀌면서 이를 부담으로 여기기도 한다. 때문에 전세는 더욱 줄어들며 대출을 활용한 자가 주택 구입이나 월세로 전환하는 경우가 늘어날 수밖에 없는 것이다.

그렇다면 이 책을 읽고 있는 당신은 어느 쪽에 서야 할지 감이 오는가? 앞으로의 미래는 내 집! 자가 소유 주택! 을 가지는 것만이 일정 수준 이상의 생활을 유지시켜주는 기초 인프라처럼 취급될 수 있다. 그러기 위해서는 사실상 영끌밖에 답이 없는 도돌이표의 이야기로 돌아가게 된다.

2) '영끌'이 왜 위험할까?

앞선 파트에서도 계속해서 살펴봤지만, 한국은 부동산 자본 8, 금융자본이 2 정도를 기록하는 독특한 구조의 투자 포트폴리오를 가지고 있다. 미국과 유럽과는 정반대의 양상이다. 최근 주식으로 금융 자본에 투자하는 이들이 늘고는 있지만, 비슷한 기간에 부동산 시세도 상승세를 그려 그 비율이 크게 달라지지 않았을 것이라 생각한다. 그래서 미국과 유럽의 사례를 바탕으로 한 예측도 꼭 맞는다고 할 수 없다. 또한 주택 시장의 흐름과 소비 방법 역시 전혀 다른 문화권을 바탕으로 하고 있기에 같은 시각에서 바라봐서는 안 되는 점이 분명히 있다. 하지만 또 그 때문에 종잡을 수 없는 것이 한국의 주택 시장이다. 단편적인 모습만 보고 상승이다 하락이다 예측할 수 없는 부분들이 많다.

그렇다면 우리가 귀에 딱지가 앉도록 들어온 영끌의 위험성에 대해서 좀 더 자세히 알아보자. 우선 영끌의 정의는 쉽게 말해서 '최대한으로 무리해서 집을 구매하는 행위'를 뜻한다. 영혼은 사고파는 것이 아니지만 그만큼 간절하고 가진 것 모두를 탈탈 털었다는 것을 간접적으로 비유한 것이다. 특히 20, 30대에서 이런 패턴으로 집을 구매하는 경우가 많다. 소득이 적지만 미래를 위해 준비한다는 느낌으로 가진 것을 모두 털어 집을 구매한다. 지금까지는 우리 부모님 세대, 우리 삼촌 이모 세대는 이런 방식으로 부동산 투자를 해왔다. 하지만 유난히 2010년대에 들어서 영끌을 지적하고 나서는 이유는 새삼스러울 정도다.

이런 우려는 2008년 미국의 서브프라임 모기지 사태를 겪고 난 다음 더욱 커졌다고 볼 수 있다. 이 사건은 아마 영끌이 불러온 가장 최악의 상황이라고 해도 될 정도다. 주택 한 채의 담보 대출로 수없는 투자 파생 상품을 만들어냈고 여기에 전 세계에서 투자금을 쏟아지며 걷잡을 수 없는 거대한 사건으로 커졌다. 이 사건의 핵심은 대출을 받을 수 없는 이들, 소득이 없거나 적은 사람에게도 저금리로 무분별하게 대출을 시행했다는 데 있다.

'서브프라임 모기지 사태' 전개과정

모기지론 금융상품 판매 → 고금리 투기 활성화 → 집값 인플레이션 → 부동산 폭락 → 투자자 파산 → 대출자금 회수불가 → **은행 파산**

미국의 주택 담보 대출의 경우 대출 불이행시 집을 압류하는 것으로 대출을 상환한 것으로 처리한다. 그래서 사람들은 '그래봐야 집만 내놓으면 되니까'라는 생각으로 너도나도 집을 구매했다. 이런 상황이니 집값 역시 어느 때보다 빠르게 치솟았다. 시장을 활성화시키고, 국민들에게 집을 마련해주려던 정부의 기조가 맞물렸기에 더 가능했던 것이다. 하지만 결말은 추가 자금 유입의 감소와 금리 인상, 집값 상승률 둔화에 따른 파산이었다.

2010년대는 아마 이런 사건을 겪으면서 시작했기에 대출 문제에 더욱 예민할 수밖에 없을 것이다. 걱정하고 조심하는 일은 결코 게을리해서는 안되기에 정부나 소극적인 투자자들의 태도가 무조건 나쁘다고 할 수 없다. 그러나 그 후 10년이 넘는 시간이 지났고, 인간은 학습하는 동물이기에 그때와 같은 상황을 되풀이하지 않기 위한 갖은 노력이 있어 왔다.

당시 상황과 지금을 비교해 보자면, 우선 지금 국내 주택 담보 대출은 당시와 전혀 다른 양상이다. 저금리는 유지하고 있지만, 앞서 설명한 것처럼 DTI, DSR 같은 제도를 조이며 대출 관리를 지속해서 해왔다. 두 번째로는 당시 사건이 커진 데는 파생 투자 상품 운용을 위한 대출 모집에 있었다. 또한 해당 파생 상품은 한두 가지에 그치지 않고, 몇 중의 연결고리를 가지고 있었다. 하지만 지금 국내에는 이런 역학관계에 있는 상품도 없기에 리스크에 있어서도 그 무게가 다르다.

세 번째는 국내 대출 불이행 처리방식이 미국과는 확연히 다르다는 점이다. 국내는 대출 불이행 시 담보인 부동산을 처리하고 남은 금액까지도 분납해야 한다. 이로 인해 신용불량자가 되고 은행 거래, 통신사 이용 등 많은 생활의 불편을 겪기 때문에 대출을 받고 갚기까지 신중해질 수밖에 없는 강제 브레이크가 있는 셈이다. 그러므로 우려만큼 가계 대출 비율이 높아진다 해도 주택 소유자들의 파산으로 인한 경제 위기까지 야기하기엔 실상 거리가 있다.

또 이 파산에는 집값이 극적으로 떨어지는 순간이 필요한데, 현재 정부 정책과 세계 경제 흐름을 봤을 때 이 흐름을 단숨에 바꿀 위기 지점은 없어 보인다. 오히려 코로나19로 인한 경제 부양책으로 유동성이 증가하면서 인플레이션에 따른 집값 상승을 예상해본  다. 그렇다면 오히려 누군가에게는 집을 구매해야 할 적기가 될 수 있다.

3) 똑똑한 영끌이면 가능하다

영끌 위험성의 실체에 대해 파악했다면, 이제는 실천에 옮길 때다. 어떤 영끌을 해야 이 혼란한 장에서 살아남을 수 있을까? 똑똑한 영끌, 공부만 한다면 누구나 가능하다. 가장 우선적으로 이야기해봐야 할 것은 현재 정부가 추진하는 초장기 모기지론이다. 초장기 모기지론은 기존의 30년 상환에 10년을 더 붙인, 40년 동안 상환하는 상품을 가리킨다. 감도 안 오는 긴 시간이다. 30대 중반에 구매한 집의 대출금을 70대 중반까지 갚아야 한다. 이것이야말로 또 다른 이름의 영끌이 아닐 수 없다.

초고령화 사회에 들어서면서 퇴직 연령과 고령 노동 인구에 대한 여러 논의가 오가고는 있지만, 40년간 대출금 상환을 해야 한다니 이런 조건은 족쇄나 다름없다.

이런 초장기 모기지론은 사실 해외에서는 활성화된 대출 상환 방식이다. 미국에는 50년짜리 상품도 있고, 일본도 30, 40년에 걸쳐서 상환하는 경우가 흔하다. 젊은 신혼부부가 주로 이용하며 주택 가격의 90%까지 대출해주기 때문에 초기 자금도 부담이 덜하다. 한국도 이렇게 청년이나 신혼부부 위주로 도입할 계획이라고 밝혔다.

당연하지만, 한국과 양국의 주택 사정이 다르기 때문에 추천한다고 말하기 쉽지 않다. 우리나라는 아파트가 주 거주지이며, 아파트는 30년 정도 주기로 재개발, 재건축이 이뤄진다. 40년짜리 대출을 받았지만, 30년 만에 재개발이 이뤄진다면 과연 거주자는 어떻게 해야 할까. 아직 이 질문에 답을 해줄 수 있는 사람은 아무도 없다. 고로, 당장의 부담이 적고 실수요자를 위한 대책이라고 해도 선뜻 추천할 수 없는 것은 역시나 미래에 어떻게 될지 아무도 모르기 때문이다.

그렇다면 어떻게 '영끌'해야 손해 없이 내 집 마련에 성공할까? 일단 영끌에서 가장 주의해야 할 점은 금리 변동이다. 영끌은 대출을 최대한으로 이용하기 때문에 금리에 따라 부담의 정도가 달라진다. 이를 위해서는 대출 전 이를 관리할 계획을 잘 세우는 것이 중요하다. 우선 시장의 흐름을 보고 금리 상승 시기를 이해해야 한다.

금리는 주로 시장에 자금이 넘칠 때 올라간다. 이럴 때를 유동성이 좋다고 말한다. 금리가 낮아서 시장에 돈이 많이 돌기 때문에 이를 억제하기 위해서다. 최근과 같은 시장이 유동성이 큰 편이라고 볼 수 있다. 주가가 오르고 있으며, 부동산 가격도 꾸준히 상승 중이다. 때문에 한국은행과 경제 부처에서는 슬슬 금리 상승에 대한 시그널을 보내고 있다.

미국 역시 4월 소비자 물가 추정 3% 후반에서 4.2%로 확정 발표가 나면서 인플레이션에 대한 우려가 수면 위로 올라오고 있다. 국제 유가도 중요한 포인트다. 현재는 배럴당 65달러를 유지하고 있으나 이것이 70달러 이상으로 올라가게 되면 2019년 이전보다 더욱 높아지는 것이므로 인플레이션을 우려해야 한다. 다만 유가가 올라서 생기는 인플레이션은 비용 인플레이션으로 구분해 일시적인 것으로 생각할 여지가 있다. 즉, 금리 인상까지는 영향을 미치지 않을 가능성이 높다.

그렇다면 대출을 실행할 때 변동 금리와 고정 금리 중 선택해야 하는데, 지금 같은 상황에서는 변동 금리의 선택이 유리해 보인다. 변동 금리의 기준이 되는 코픽스 금리는 4월 기준 1.48%를 기록했고, 고정 금리는 금융채 5년물 금리를 기준으로 2.07%이기 때문이다. 조금이라도 부담을 줄이고 싶은 사람이라면 변동 금리를 고를 수 있으나 위에서 설명한 바와 같이 물가 상승률과 시장 유동성 등의 이유로 금리 상승은 어느 정도 피할 수 없을 것으로 보인다.

하지만 그 수준이 크지 않다면 그대로 변동 금리를 유지할 수 있으나 변동 폭이 클 것으로 예상된다면 고정 금리를 고르는 편이 장기적으로 유리할 것이다. 중요한 것은 아무도 미래를 예측할 수 없기 때문에 아무리 관리한다고 해도 정확한 예측이 어렵다는 점이다. 이런 이유로 영끌로 무리한 구매를 했을 시에는 부동산을 다시 현금화하기 쉬운 물건으로 선택하는 것도 하나의 방법이다. 영끌은 어디까지나 이익 창출, 생활의 안정을 위한 선택이다. 그러므로 냉정한 판단과 계획을 동반해야만 성공적인 영끌 투자가 가능하다는 점을 잊지 말자.

17.
부동산 정책, 지난 10년을 알아야 앞으로 10년이 보인다

문재인 정부의 부동산 정책은 4년간 멈추지 않는 롤러코스터를 탄 것과 같이 드라마틱한 흐름을 보여왔다. 목표는 분명했다. '집값 안정화와 가계 부채 축소'. 정책들의 방향이 모두 비슷하게 흘렀다. 동시에 두 가지 목표는 과연 함께 갈 수 있는 것일까?

그렇지 않다. 집값의 안정화는 수요와 공급이 맞물렸을 때 이뤄진다. 두 가지가 어떤 이유나 목적이 맞지 않을 때 값이 떨어지거나 오른다.

그런데 가계 부채와 함께 갈 수 없는 이유는 지금 사회 실정을 함께 봐야 하기 때문이다. 수요자들에게 허락된 재화가 부족한데, 집의 가격은 그에 비해 높다.

이로 인해 원하는 물건을 구하려면 부채가 필수 불가결하다. 그러므로 부채를 지우지 않으려면 수요자들의 재산이 빠른 속도로 늘어야 하는데 한국인의 재산은 대부분 부동산에 몰려있다. 결국 다시금 부동산 가격이 올라야 한다. 이 두 가지는 맞물려 있는 탓에 한꺼번에 해결할 수 없다. 한 번에 하나씩 해결해야 하는데 정부는 두 가지를 한꺼번에 잡으려고 하다 보니 30번 가까이 부동산 정책을 깁고 더하면서도 어느 한 가지도 해결하지 못한 것이 현실이다.

그러니 우리도, 정부도 해결할 수 없는 문제를 파고들기보다 지금의 정책을 분석해 그 사이에서 어떻게 이익을 얻을 수 있을지, 정책의 허점은 없는지 과거에는 어떤 비슷한 정책이 있었고, 여기에서 더 발전된 정책을 다루는 나라가 있을까 등을 알아보며 공부하는 것이 현실적이고, 빠른 해결법이다.

1) 정부 정책은 어디로 가고 있나?

공공재개발

〈공공재개발 2차 후보지 선정 결과〉

연번	구역명(가칭)	위치	면적(m2)	토지 등 소유자 수	예상 세대수
1	장위8	성북구	116,402	1,240	2,387
2	장위9	성북구	85,878	670	2,300
3	신월7동-2	양천구	9,0346	1,599	2,219
4	성북1	성북구	109,336	1,236	1,826
5	상계3	노원구	104,000	1,100	1,785
6	신길1	영등포구	59,379	552	1,510
7	거여새마을	송파구	63,995	691	1,329
8	전농9	동대문구	44,878	632	1,107
9	연희동 721-6	서대문구	49,745	622	1,094
10	본동	동작구	51,696	455	1,004
11	금호23	성동구	30,706	327	948
12	중화122	중랑구	37,662	446	853
13	천호A1-1	강동구	26,548	207	830
14	숭인동 1169	종로구	14,157	124	410
15	홍은1	서대문구	11,466	109	341
16	충정로1	서대문구	8,075	99	259

* 예상 세대는 추후 서울시 도시계획위 및 건축위 심의 등을 통해 변경될 수 있으며, 토지 등 소유자 수는 신청 시 자료 기준으로 일부 상이할 수 있음.

공공재개발은 기존 재건축, 재개발 사업보다 사업 시행요건이 완화된 것으로 ⅔이상 및 공동 시행 주민의 ½이상의 동의만 있으면 공모 참여를 통해 사업을 추진할 수 있는 방식이다. 그리고 기존 재개발과 비교했을 때는 최대 35층으로 층수 제한이 있었으나 공공재개발은 최고 50층, 용적률은 500%까지 허용된다. 그래서 일각에서는 재개발이 어려운 지역에도 많이 열려있기 때문에 인기가 늘어날 것으로 봤다. 하지만 단점으로는 공공재건축의 경우 규제 완화에 따른 추가 수익의 90%를 환수하고, 공공재개발은 조합원분을 제외한 최대 50%를 임대아파트로 공급해야 한다. 이 때문에 아직 이 제도에 대한 평가는 엇갈린다. 현재는 서울의 16곳이 2차 후보지로 선정됐다.

다행히 사업을 진행하는 정부 의지도 강하고, 소유주들 역시 크게 손해 볼 상황은 아니기에 기대할 만한 분위기다. 예의 주시할 점은 1기 공공재개발 사업지였던 양평13구역, 흑석2구역, 용두1-6구역, 양평14구역, 신설1구역, 봉천13구역, 신문로2-12, 강북5구역 등 8곳의 현재 사업 진척이 둔화됐으며, 정부가 제안한 인센티브 등에 따라 향방이 달라질 예정이다.

최근 주민설명회가 있었던 흑석2구역 분양가는 주변 시세의 70~75%, 용적률 600%, 최고층수 49층을 제안했다. 추정치로 말하지만, 59㎡ 11억, 84㎡ 14억이 예상된다. 만약 비슷한 조건으로 공공재개발이 진행된다면 추천할 만한 사업이 될 것이다. 단, 위의 16곳은 3월 30일 발표를 기점으로 토지거래허가구역으로 묶였으므로 현재 거래를 논할 수는 없고, 다른 공공재개발 사업 진행에 참고용으로 확인해야 한다.

• **고분양가 심사제도**

HUG에서 운영하던 고분양가 심사제도가 개선됐다. 이해할 수 없는 선정 기준으로 강제로 시장을 관리한다는 인상을 주는 것 이상의 역할을 못 한 만큼 모두 환영하는 분위기다. 개선안은 2021년 1월 22일부터 주변 시세의 최대 90%까지 올릴 수 있는 것이 핵심이다.

그럼 고분양가 심사제도란 무엇인가? HUG에서 배포한 보도자료를 보면, 고분양가 관리지역 내 신규 주택에 해당하는 것으로, 분양 보증 발급 후 시세가 분양가에 의한 리스크를 보완하고 관리하기 위한 제도다. 하지만, 이런 의도에도 불구하고, 실제적인 효과는 미비했고, 분양가와 시세 간의 지나친 차이, 중심 지역과의 분양가 차이가 크다는 지적이 꾸준히 있어 왔다. 더불어 심사 기준이 명확하지 않은 것도 불만의 이유였다. 가장 큰 피해자로 꼽히는 지역은 둔촌주공으로 HUG 제시가는 2,910만 원으로 이슈가 될 정도였고, 덕은지구 DMC리버포레자이 분양가는 2,630만 원으로 서울보다 비싸 HUG의 고무줄 분양가 책정이 논란이 되었다.

이번 개선안에는 이런 불만을 감소할 다양한 내용이 담겼다. 시세에 근접한 분양가 산정을 위한 비교 사업장 기준을 완화했고, 이를 항목화해 점수를 매기며, 시세 변동률은 한국부동산원 아파트 매매 가격 변동

지수를 참고해 시세의 85~90% 정도를 기준으로 했다.

이에 대한 아쉬움의 목소리도 있다. 실수요자들은 비교적 저렴한 가격에 인기 단지 분양을 가능하게 했던 제도가 본래 성격을 잃으면서 '로또청약'의 꿈이 멀어졌기 때문이다. 특히나 규제 지역에 위치한 만큼 기존 투자자의 진입도 어려워 또 다른 걸림돌이 될 가능성도 생겼다.

- **부동산 거래신고법 '전월세신고'**

임대차 3법의 마지막 법안이 6월 1일부터 시행된다. 이 법안에는 전, 월세 계약 내용을 신규, 갱신 시 모두 신고하게 되어있다. 일부 지역에선 4월 19일부터 시행됐고, 전체 대상은 수도권 전역, 광역시, 세종시, 도의 시 지역이다. 대상 주택은 주택임대차보호법상 주택으로 임대차 보증금 6,000만 원을 초과하거나 월세 30만 원을 초과하는 주택의 경우에 의무적으로 시행해야 한다. 주택은 고시원, 기숙사, 판잣집, 비닐하우스 등도 포함한다. 미신고 시 기간과 금액에 비례해서 4~100만 원을 매기거나 허위신고 시 1,000만 원의 벌금을 매기게 된다.

제도의 목적은 세입자를 보호하고 시장을 투명하게 만들려는 데 있지만, 이렇게 신고를 하게 되면 아무래도 임대사업자의 수입도 정부가 파악하게 되므로 과세대상이 될 수밖에 없다. 정부는 이에 대한 견해를 밝힌 적은 없지만, 이런 작은 행동에도 촉각을 세우는 것이 시장의 역할이자 해야 할 일이다. 오히려 일각에서는 이 제도가 활성화되어 세금이 매겨진다면 그 피해가 다시 세입자들에게 갈 수 있다며 우려도 표하고 있다.

2) 투자의 나침반을 읽자

• 다주택자 증세

6월부터 다주택대상자 취득세, 종합부동산세, 양도소득세가 나란히 대폭 올라간다. 종부세는 기존보다 주택의 숫자는 늘었지만, 세금은 2배 이상 늘었다.

종부세 세율 인상안

(단위: %)

시가 (다주택자 기준)	과표	2주택 이하 (조정대상지역 2주택 제외)		3주택 이상+ 조정대상지역 2주택		
		현행	12.16	현행	12.16	개정
8~12.2억	3억 이하	0.5	0.6	0.6	0.8	1.2
12.2억~15.4억	3~6억	0.7	0.8	0.9	1.2	1.6
15.4억~23.3억	6~12억	1.0	1.2	1.3	1.6	2.2
23.3억~69억	12~50억	1.4	1.6	1.8	2.0	3.6
69억~123.5억	50~94억	2.0	2.2	2.5	3.0	5.0
123.5억 초과	94억 초과	2.7	3.0	3.2	4.0	6.0

종부세 납세 의무자는 인구 대비 1% 미만으로 전체 주택 소유자의 약 3.5%다. 또한 다주택자와 조정대상 지역을 중심으로 하기 때문에 이외 지역에 주택을 소유한 자는 좀 더 과세에서 자유롭다. 취득세와 양도

세도 모두 마찬가지다. 다주택자의 세부담을 늘려 소유분을 팔고자 하는 데 초점이 맞춰져 있다.

그래서 많은 다주택자들이 작년부터 증여를 통한 우회적인 회피 방안을 모색하고 있다. 2021년 3월 강남구 부동산 거래 내역을 보면 전체 1,174건 중 매매와 소유권 이전보다 증여가 훨씬 많은 812건으로 기록됐다. 정부의 예상과 달리 시장 매물로 나오지 않은 것이다. 당연한 수순이다.

물론 정부도 이 부분까지 막고자 증여 취득세 인상까지 함께 시행했다. 이는 명백한 징벌적 과세다. 기존에는 단일세율로 3.5%였던 것이 세대 독립 여부와 보유 주택 수에 따라 3.5~12%로 세분화된다.

하지만 앞선 인상에도 뚜렷한 성과를 내지 못했고, 시행 목전인 5월까지도 시장에 반향이 없었던 것을 보면 세금 중과를 통한 매물 유도도 실패했다고 보는 것이 옳다. 사실 세금을 통한 수요 관리는 이미 과거 정부에서도 실패한 바 있으나 이를 다시 활용한 것은 의문이라고밖에 할 수 없다. 하지만 6월 시행 이후 시장 반응이 없다면 다시 민심을 잡기 위해 법안 개정의 가능성도 있다는 점이 그나마 기대해볼 만한 점이다.

• 부동산 규제 지역

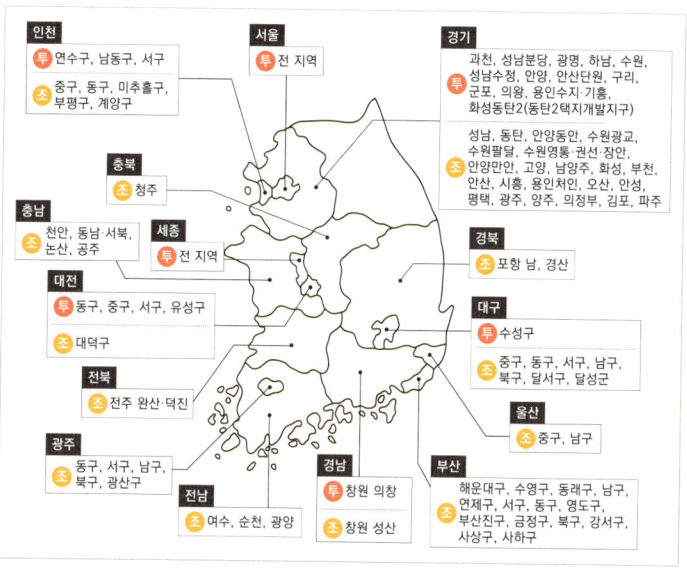

각종 과열 우려가 있는 지역을 관리하는 제도인 부동산 규제 지역 제도. 그 종류는 조정 대상 지역, 투기 과열 지구, 투기 지역으로 나뉘는데 조정〉투기 과열〉투기 지역 순으로 강한 제재이며, 상위 제재일수록 하위 제재를 포함한다. 2020년 12월 18일 기준으로 투기과열지구 49개, 조정대상지역 111개가 지정돼 전국의 대도시 지역의 절반이 여기 포함돼있다고 생각하면 쉽다.

역시나 가격을 조정하려는 방안이었으나 지역 자체 관리는 됐을지 몰라도 주변 지역의 가격이 오르는 풍선효과를 불러일으킨 것은 이 규제가 1차원적 방안이었음을 보여주는 예이다. 김포, 파주, 천안, 일산, 성남, 용인 등 예외 없이 가격이 상승하는 모습을 보였다. 오히려 이런 식으로 각종 규제의 실효성이 떨어질수록 규제보다 다른 방향에서의 접근을 유도할 것이므로 내 집 마련의 적기가 될 수도 있다.

3) 어디에 투자할 수 있을까?

- 신도시

신도시 3기가 곧 청약 시작을 앞두고 있다. 규모로 본다면 충분히 기대를 걸 만하며, 신혼부부와 청년들은 당첨 확률이 높아 기회를 살리길 추천한다. 교통망이나 접근성 면에서도 여러모로 장점이 많기 때문이다.

하지만, 관련 잡음이 많아 과연 얼마나 걸릴지 쉬이 가늠할 수가 없다. 수도권 주택 공급을 위해서 3만 2,000호의 대규모 사전 청약을 받는다고는 했지만, 사전 청약이 이르다고 해서 건설이 앞당겨지는 건 아니다. 지금 토지 보상 절차도 완료되지 않은 것을 생각하면 10년 정도의 시간이 걸릴 것으로 보인다. 당첨자들은 그동안 여전히 살 곳이 필요하고, 이들은 전세 물량을 찾아 수도권 이곳저곳을 떠돌게 될 것이다. 그렇다면 수도권 전세 물량이 어떻게 될까? 상대는 최대 물량의 신도시 당첨자들이다. 당연 다시 전세 물량 부족으로 가격이 치솟을 것임은 안 봐도 뻔하다. 그러므로 이 신도시 계획을 무조건 수도권 부동산 안정화의 지트키라고 생각해선 안 된다.

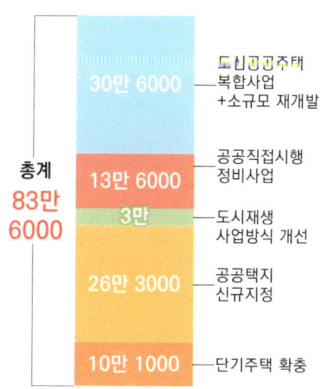

사업 유형별 공급 물량 (단위: 가구)
- 총계 83만 6000
- 도심공공주택 복합사업 +소규모 재개발: 30만 6000
- 공공직접시행 정비사업: 13만 6000
- 도시재생 사업방식 개선: 3만
- 공공택지 신규지정: 26만 3000
- 단기주택 확충: 10만 1000

4기 신도시도 마찬가지다. 3기 신도시에 대한 불신과 확실한 부동산 문제 진화를 위해 2.4 부동산 대책으로 발표됐다. 당시 변창흠 전 국교부 장관은 "3기 신도시에 추가되는 개념이다"라고 설명했지만, 수도권 공급 물량이 18만 가구이므로 시장에서는 사실상 4기 신도시로 받아들이는 추세다. 후보지는 서울 인근, 서울 접근성이 좋은 곳을 위주로 정해졌으며 경기 화성 매봉/비봉, 용인 공세리, 고양 화전, 과천 주암동 일대를 추측하고 있다.

후보지들은 주로 수도권 동남쪽에 집중돼 있어 군사시설 보호 구역 등의 제한이 없고, 인근 주택 수요도 높다. 때문에 이곳을 기대하는 이들도 늘고 있다. 지방은 광역시를 중심으로 대상지를 물색하고 있는데, 세종은 행복도시 예정 지역에서 다양한 방법을 통해 1만 3,000가구를 추가로 공급할 예정이다.

아직 4기 신도시에 대한 정보가 충분히 풀리지 않았으므로, 4기를 노리는 사람이라면 시간을 들여서 추이를 지켜보라 말하고 싶다. 왜냐하면 모두를 만족시키는 답이란 부동산에서 거의 불가능에 가깝다. 토지주의 사업성을 챙겨주면 분양가가 올라가고, 공공개발의 명분을 위해선 낮은 분양가를 유지해야 하니 이러지도 저러지도 못하는 상황이다. 그러니 지금은 기다리며 지켜보는 것만이 답이다.

• **공공분양**

공공분양은 지방자치단체나 LH가 공급하는 아파트로, 가격과 분양 조건 면에서 실수요자와 젊은 층에게 인기를 얻고 있다. 최근에는 민간참여형 공공분양도 늘어 더욱 메리트가 많아졌다고 할 수 있다. 공공택지 민간분양단지의 전매 제한과 의무 거주 기간이 늘어난 것도 공공분양으로 눈을 돌리는 이들이 늘어나는 이유 중 하나다.

또한 '공공주도 3080+, 대도시권 주택 공급 획기적 확대 방안(2·4 대책)'으로 3040세대의 내 집 마련에 보탬이 되도록 제도를 손질하고자 했다. 기존 3040세대의 불만사항이던 신혼부부, 다자녀 등에 해당하지 않는 무주택자를 위한 일반 분양 비율이 15%에 불과하던 것을 50%까지 늘렸다.

추첨제도 신설되어 기존 전용 85㎡ 이하 공공분양의 일반 공급을 가점제로 줄 세우던 방식에서 벗어났다. 이전 방식은 납입 기간이 길고, 총액이 많은 순서대로 뽑다 보니 나이가 많은 이들에게 유리한 부분이 있었다. 그러나 이번 제도 개선을 통해서 물량의 30%는 추첨을 통해 공급받을 수 있게 됐다. 투자용으로는 완벽하지 않을 수 있지만, 저렴한 공급가와 좋은 위치 등을 생각한다면 자격이 있는 이들이라면 반드시 생각해볼 만한 전략이다.

18.
투자란 없다? No, 안주란 없다!

　로또 복권도 구매를 해야 당첨이든 낙첨이든 결과가 생긴다. 부동산도 마찬가지다. 수익을 얻고 싶으면 일단은 실거주를 하든 투자를 하든 '구매'를 해야만 한다. 이 지점이 사실상 부동산 투자의 가장 큰 허들이다. 투자로 큰돈을 번 사람들, 이른바 노동 없이 정기적인 수익이 발생하는 '불로소득(不勞所得)'을 얻은 사람들까지. 우리는 부동산 투자가 가져다주는 큰 이익을 익히 들어 왔다. 하지만 정작 주변에서 가깝게 찾아볼 수 없는 이유는 무엇일까? 부동산 투자가 큰 이익을 만들어준다는 걸 다들 알면서도 도전하지 않는 이유는?

1) "지금은 시기가 아니다!" 그럼 대체 언제?

　부동산 투자에 진입하고자 하는 사람들을 막는 말이 있다. '지금은 시기가 아니다'라는 말이다. 지금 투자를 하면 손해를 볼 게 뻔하고, 지금은 버블 시장이고, 투기꾼들이 만들어놓은 과열 양상일 뿐이니 절대 돈을 넣지 말라는 말. 여러 포털 사이트 댓글에서도 쉽게 볼 수 있는 말이다. 그런데 이러한 '시기'에 대한 말들은 사실 1년 전, 3년 전, 아니 10년 전에도 있었다. 그 어느 때도 사람들은 '지금이 시기다!'라고 말한 적이 없었다. 투자를 할때는 객관적이고 신빙성이 있는 정보를 보고 판단해야 한다. 여러 사람들의 말에 휘둘리는 것은 현명하지 못하다. 단적인 예를 들어보자.

우리나라 시가총액 1위 삼성전자 주식, 과연 과거에도 열광의 대상이었을까? 정답은 NO다. 불과 몇 년 전까지만 해도 삼성전자 주가를 보고 "언젠가는 반드시 떨어질, 필연적 하락장"이라며 투자를 말리는 분위기가 있었다. 한때 기업 총수가 정치적 사건에 휘말려 청문회에 소환되던 시점에는 이러한 비판론이 거셌다. 그러나 당장 차트만 보면 어떠한가? 2019년부터 2021년 현시점까지 계속 상승세이다. 중간중간 하락 타이밍도 있었지만 전반적인 포인트는 굉장한 상승 기류를 타고 있다. 2019년 이전부터 보지 않아도 양상은 마찬가지다.

숫자로 살펴보면 이 차이는 더욱 커진다. 차트의 가장 저점, 2019년 1월 기준, 1주에 36,850원이었다. 지금은? 1주에 80,000원이 넘는다. "지금 사면 안 돼."라는 말을 믿고 사지 않은 사람에게는 2배 이상의 수익이 그저 그림의 떡으로만 남았다. 반면 투자를 감행한 사람들은? 부러움의 대상이 됐으리라.

2) 부동산 투자에는 더 큰 결심이 필요하다

주식 투자를 권유하려는 의도는 없다. 다만, 주식 시장에서 살펴볼 수 있듯 투자에는 결단이 필요하다는 걸 말하고 싶다. 부동산의 경우 핸들링해야 하는 초기 자본 단위가 더 크기 때문에 더욱 결단이 흐려질 가능성이 높다. 큰돈을 한 상품에 투자하는 건데 주변에서 거품이다, 하락이다, 하며 부정적인 뉘앙스를 풍기면 당연 망설이게 된다. 사실 투자를 말리는 이들이 오히려 더욱 교묘한 상위 투자자일 가능성도 있다.

부동산 투자는 그야말로 정보의 싸움이다. 하지만 정보를 아무리 쥐고 있더라도 그 정보값에 해당하는 매수 상품은 한정적이다. A아파트 인근에 호재가 터질 예정이라 사람들이 줄을 서있는데, A아파트 분양 상품은 무한하지 않으므로 누군가는 포기를 해야 한다. 이럴 때에 누군가는 본인들 이권 수호를 위하여 친분이 있는 투자자들에게 '시세가 오르지 않을 것'이라는 거짓 시그널을 보내기도 한다. 실제로 부동산 커뮤니티를 살펴보면, 분명 나에게 투자를 말렸던 사람인데 어느 순간 본인이 매수를 했더라 하는 드라마 같은 일이 종종 일어나기도 한다.

3) 하락장의 정체?

그렇기에 부동산 투자에는 결단이 필요하다. 많은 돈을 담기 위해서는 그만큼 큰 그릇이 필요한 법. 투자자의 용기 있는 성향이 뒷받침돼야 한다. 그렇다면 뉴스에만 보아도 숱하게 볼 수 있는 '하락장'의 실체가 궁금해질 것이다. 주요 포털들이 전부 부동산 하락장을 외치고 있는데 진짜 투자를 감행해도 되는 걸까? 여기에 대해선 몇 가지 살펴볼 포인트들이 있다. 부동산 하락장의 실체와 앞으로의 전망을 살짝 맛보도록 하자.

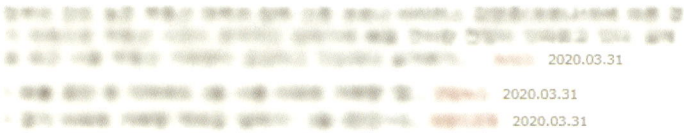

2020년 3월 포털 사이트 부동산 탭의 상황이다. 거래량이 줄고, 실거래가가 하락할 것이라며 강도 높은 규제에 대한 하락론을 펼치고 있다. 특정 뉴스 할 것 없이 대부분의 뉴스들이 모두 부동산 시장 비관론을 채택한 듯하다. 이때부터 지금까지 '코로나'라는 악수가 전혀 사라지지 않은 것을 감안하면 사실상 외부 조건은 비슷하다. 규제 역시 현재에도 완화되지 않았기 때문이다. 그렇다면 정말로 부동산 시장은 속절없는 하락 물결을 타버렸는가?

4) 부동산 시장 하락세의 실체

팩트만 찾아보자면 놀랄 수밖에 없다. 결과는 하락세란 말을 무색하게 할 만큼 여전했다. 전국 공동주택 공시가격은 2021년 4월 기준으로 전년 대비 '당연' 상승했다. 서울이 19.89%나 상승했으며, 집값이 크게 상승하는 세종의 경우 70% 이상이나 상승했다. 그 외 지방 역시 대부분 10% 후반대의 상승률을 보였다. 공시가격이 뛰고 규제까지 탄탄하니 시장은 얼어붙었는가? 그렇지 않다. 오히려 풍선효과로 상업/업무용 부동산(오피스텔 제외) 거래량이 전년대비 16%나 증가하며 확실한 성장세를 기록했다. 전국적으로 4만 7천 건 이상이 거래됐다. 수익형 부동산이 반사 이익을 얻고 있단 것은, 투자자들에게는 결코 지금 시장이 하락세가 아니라는 말을 의미한다. 또한 수익형 부동산 시장이 활성화를 띠면 자연스럽게 주택 시장에도 이 기류가 흘러갈 수밖에 없다. 한국 부동산은 거대한 틀 안에 촘촘히 연결돼있기 때문이다.

대치동 아파트만 보아도 알 수 있다. 래미안대치팰리스 54평의 가격은 19개월 만에 17억 원가량 급등했다. 재건축도 필요 없다는 눈치다. 전문가들이 부동산 시세 하락 및 얼음 시장을 논할 때, 역대 최고가를 경신하고야 말았다. 무려 53억 5천만 원이다. 대치동에서 처음으로 아파트값이 50억 원을 돌파한 것으로, '50억 클럽'이라는 타이틀이 기록됐다. 아무리 어렵다고 한들, 돈은 끊임없이 돌고 돈다. 부동산 시장은 가장 큰 단위의 돈이 자유롭게 움직이는 시장이다. 즉, 큰 이익 역시 이 곳에서 생길 수밖에 없다. 물론 모든 투자가 100% 수익으로 연결되는 것은 아니며, 부동산 시장에 규제가 강화되는 것도 사실이다. 그러나 이러한 모습 때문에 현재를 하락세라 단정짓고 투자에 겁을 먹어서는 안 된다는 점을 말하고 싶다.

5) 하락세? 새로운 국면이 만들어질 뿐!

오히려 하락세라는 말보다는 '변화'라는 단어를 사용해야 하지 않을까? 각종 규제와 사람들의 라이프 스타일 변화로 인하여 부동산 시장에도 최근 색다른 모습이 나타나고 있다. 미래를 준비하는 투자자라면 부동산 시장의 변화 바람도 눈치 채야 하지 않을까? 몇 가지 살펴보도록 하자. 이에 대비하는 자세를 가지는 게 좋겠다.

- **커져가는 반전세 비중**

'전세 씨가 말랐다'는 말을 한번쯤은 들어봤을 것이다. 수도권을 중심으로 전세 후폭풍이 거세지고 있다. 전세 가격 상승과 저금리 현상이 장기화되고 보유세까지 강화됨에 따라 공급자 입장에서는 전세를 선택하기가 곤란해져버렸다. 이에 반전세 개념이 주목을 받고 있다. 반전세란 말 그대로 전세 보증금을 일정 부분만 집주인에게 맡기고, 월 단위 세를 함께 지불하는 형태이다. 기존 전세보다는 보증금이 낮지만 매달 집주인에게 지불해야 하는 금액이 있다는 점에서 전세와 다르다. 그러나, 월세보다는 보증금이 높은 대신 매달 납입해야 하는 금액이 크게 줄어든다는 점에서 월세와도 다소 다르다. 보증금이 1~20년치 월세와 비슷하면 준

월세라고 말하기도 한다. 그보다 보증금이 더 크다면 준전세라 말한다. 일반적인 기준이다.

이러한 현상은 2008년 이후 저금리 기조에서부터 두드러지기 시작했다. 집주인들이 전세 보증금으로 만들 수 있는 이익에 한계를 느낀 탓이다. 보증금으로 은행 이자를 받는 것보다 세입자들에게 직접 월세를 받아 월 수익을 발생시키는 게 더욱 크다. 실제 집주인의 입장에서는 현재 월세를 가장 선호하고 있다. KB월세 지수 발표에 따르면 3년 6개월간 0.5%만 상승했던 월세 지수가 2021년 4월을 기점으로 최근 8개월 동안 4.8%나 상승했다고 한다. 임대차법에 따라 최악의 전세난이 도입되면서 수요자들은 어쩔 수 없이 월세나 반전세를 택해야만 한다. 하지만 역으로 생각해본다면, 소유주 입장에서 전세를 적극적으로 월세화시킬 수 있는 계기이기도 하다. 어떤 입장에 처해있느냐에 따라서 현상에 대한 해석이 달라지는 것이다.

• 렌트가 대세

아직 한국에서는 이르다는 평가가 많지만, 세계적으로는 이미 진행되고 있다. 바로 렌트(rent)이다. 공간을 점유하기 위해 '매수'를 선택할 경우 큰돈이 필요할 수밖에 없다. 공간의 무한 소유를 포기하고 약정된 기간 동안만 빌리는 행위인 렌트에 대한 관심이 커지고 있다. 우리나라의 경우 공유 오피스나 상업 공간 렌트가 해당된다. 주택의 경우 월세나 전세와 같은 개념이 오랜 기간 자리잡고 있으므로 주거 공간까지 렌트로 넘어가기엔 아직 시기상조이다. 그러나 공유 오피스는 이미 서울 핵심 지역을 바탕으로 드물지 않게 생겨나고 있다. 렌트와 기존 임대의 차이가 무엇일까?

기존 임대에서는 '보증금'이 필연적으로 따라붙는다. 전세든 월세든 오피스를 하나 빌리기 위해서는 집주인이 정해놓은 보증금을 지불해야 한다. 보증금은 추후에 돌려받는 비용이긴 하지만, 그 자체로 허들이 된다. 보증금이 크면 클수록 수요자가 공간을 포기할 수밖에 없다. 하지만 렌트는 다르다. 렌트는 보증금 개념 없이 오직 월 지급액만으로 성사되는 거래다. 공간의 크기와 격에 따라 매겨진 금액만 매달 지불하면 그만이다. 그렇다면 소유주의 입장에서는 오히려 손해보는게 아닌가? 라는 생각을 할 수도 있다.

여기에서 한 가지 차이가 더 발생한다. 주로 공유 오피스와 같은 렌트 오피스의 경우 공간을 대여해주긴 하지만, 그 안에 설치된 실내 인프라도 모두 소유주의 몫이다. 사무용 OA기구나 가구 같은 것들을 모두 소유주가 준비하는 것이다. 이렇게 함으로써 공간 사용을 원하는 사람들의 빠른 입실과 퇴실을 돕는다. 보증금도 없고, 실내 비품까지 모두 준비돼있으니 오히려 이 점이 매력 요인으로 작용하여 공실률을 줄인다. 비록 보증금이 없긴 하지만, 공간을 세세하게 분할하여 렌트할 수 있고 한번 사놓은 비품들은 그 다음 입주자에게도 재활용할 수 있다. 에어비앤비의 사무화라고 생각하면 된다.

- 물량 공급은?

'숨 고르기' 들어간 서울 아파트값...일시적 현상일까?

실거래가 내린 단지 속출...집값 숨죽였나, 숨고르나

앞선 두 가지 내용이 부동산 시장의 새로운 변화를 보여주는 것이라면, 이번 3번째 항목은 여전한 국면임을 먼저 말하고 싶다. 부동산 시장의 챕터가 바뀌어도 아직까지는 해소되지 않은 것이다. 바로 물량 부족이다. 다만 물량 부족 현상을 두고 여론의 해석은 싹 바뀌었다. 2020년부터 계속해서 "과잉 공급"이라는 말이 나오고 있다. 검단 신도시를 비롯하여 정부측에서부터 대규모 물량 카드를 들고 나오니 어쩔 수 없이 시세가 하락하리라는 해석이다. 신도시는 과거에도 있었고, 부동산 시장에 공급은 언제나 멈추지 않고 진행됐었다. 그럼에도 불구하고 이제서야 물량 공급이 과잉이라는 해석이 넘쳐나는 이유는, 분명 부동산 시장을 바꾸려는 '손' 때문이다. 부동산 시장 자체가 변한 것은 아니라는 의미다.

결론부터 말하자면 다주택자는 언제나 살아남았다는 게 나의 논지이다. 어떤 신도시가 새롭게 추진된다고 해도 물량 공급이 한순간에 해소되기는 어렵다. 수십 조의 토지 보상금과 전세난이 이를 뒷받침하는 근거이다. 여전히 무주택자들은 주거 공간을 찾고 있다. 소유자들이 전세가 아닌 반전세로 계약을 바꾸어도 입지만 좋다면 금방 동이 나고 만다. 아직까지 수요가 억제되진 않았다.

구분	2020년		2019년		5년평균		전년 대비 증감		5년 대비 증감	
	12월 (a)	1~12월 (b)	12월 (c)	1~12월 (d)	12월 (e)	1~12월 (f)	12월 (a/c)	1~12월 (b/d)	12월 (a/e)	1~12월 (b/f)
전국	96,803	457,514	100,635	487,975	97,388	637,386	△3.8%	△6.2%	△0.6%	△28.2%
수도권	60,737	252,301	58,525	272,426	55,077	324,732	△3.8%	△7.3%	△10.3%	△22.3%
(서울)	7,724	58,181	6,611	62,272	10,661	83,426	△16.8%	△6.6%	△27.5%	△30.3%
(인천)	7,404	28,745	5,208	44,530	4,429	31,874	△42.2%	△35.4%	△67.2%	△9.8%
(경기)	45,609	165,375	46,706	165,424	39,986	209,432	△2.3%	△0.0%	△14.1%	△21.0%
지방	36,066	205,213	42,110	215,749	42,311	312,654	△14.4%	△4.9%	△14.8%	△34.4%

위의 표를 보면 그 사실을 알 수 있다. 2020년 인허가 물량에 대한 기록들이다. 빨간 박스 표시를 보면, 인천의 경우 2020년은 전년 대비 인허가 물량이 35.4%나 감소했다. 인천이 아닌 서울 역시 6.6% 감소했다. "물량 감소=시세 상승" 간단한 논리이다.

인천 분양 실적이 2019년 36,339호, 2020년도 31,069호에다가 미분양이 제로에 가까운 것을 보면, 분양 수요는 여전히 존재하는데 인허가 물량이 감소해나가고 있음을 알 수 있다. 결국 인천의 과공급으로 인한 부동산 하락세를 예측하는 것은 의외로 실제 사실과 맞지 않는다. 과잉공급으로 2022년 인천 부동산 하락을 점치는 전문가도 있으나, 필자는 공급으로 오는 조정은 장기하락이나 추세하락으로 이어지진 않을 거라 예상한다.

만약 정부에서 예측한 적정 수요가 실제 수요와 동일하고, 이에 따라 시장 물량 과공급이 맞다면 이미 2019년 이후부터 미분양 수가 늘어나야만 한다. 하지만 인천뿐 아니라 타 지방 역시 미분양 수는 크게 늘지 않고 있다. 코로나로 인한 부동산 패널티를 모두 예측했으나 2020년에 보기 좋게 빗나간 것이다. 2021년이라고 다를까?

구분	2021년		2020년		5년평균		전년 대비 증감		5년 대비 증감	
	2월 (a)	1~2월 (b)	2월 (c)	1~2월 (d)	2월 (e)	1~2월 (f)	2월 (a/c)	1~2월 (b/d)	2월 (a/e)	1~2월 (b/f)
전국	33,647	59,830	37,980	61,958	45,387	81,613	△11.4%	△3.4%	△25.9%	△26.7%
수도권	18,575	30,738	26,216	38,429	24,918	43,589	△29.1%	△20.0%	△25.5%	△29.2%
(서울)	6,904	9,599	5,651	9,068	5,949	11,521	22.2%	5.9%	16.1%	△16.7%
(인천)	702	2,029	2,764	3,990	3,162	4,933	△74.6%	△49.1%	△77.8%	△58.9%
(경기)	10,969	19,110	17,801	25,371	15,808	26,935	△38.4%	△24.7%	△30.6%	△29.1%
지방	15,072	29,092	11,764	23,529	20,469	38,224	28.1%	23.6%	△26.4%	△23.9%

2021년 1~2월의 인허가 물량이다. 비교가 쉽도록, 동일한 인천 지역을 살펴보도록 하자. 2020년에도 인허가 공급이 전년도 대비 감소했는데 2021년에 한번 더 감소했다. 무려 49.1%나 감소했다. 수도권과 경기 역시 20% 이상 감소한 모습을 보이고 있다. 즉 물량 과잉 공급이라는 말이 2020년부터 나왔음에도 불구하고, 실제로는 인허가 물량이 떨어지고 있음을 알 수 있다.

2021년 부동산 상황을 예측해본다면, 코로나 변수/정책 규제 등 많은 사항이 그대로이기 때문에 별다른 변화 없이 안정적 상승을 예측한다. 즉 부동산 하락세와 분양 시장 위축을 뭇 여론들이 만들어내고는 있지만, 그 어떤 것도 실제 존재하는 실수요와 미분양 수치를 뒤엎을 수 없다는 말이다.

상황에 대한 해석을 여론에만 맡겨서는 안 되는 이유다. 부동산 시장이 하락하고 있다는 말을 하는 건 쉽다. 그 근거를 찾아오는 것도 그리 어렵지 않다. 하지만 실제 수치로 기입되는 팩트 앞에서도 해당 주장을 이어가는 건 분명 쉽지 않은 일이다. 내가 하락세라는 말을 신뢰하지 않는 이유다. 당연 한 치 앞을 내다보기 어려운 시장인 만큼 무조건 다주택자가 승리할 거라 낙관할 수는 없겠다. 그러나 "물량 감소=시세 상승"은 너무나도 심플한 진리다. 깨기 어렵다는 말이다. 앞으로도 그럴 가능성이 크겠다.

6) 물량이나 시세를 초월하여 불변인 것

물량이 어떻다, 시세가 몇 퍼센트 오를 것이다 하는 말들 보다도 우리가 가장 가슴에 새겨놔야 하는 것은 한 가지. 바로 "투자에 있어선, 안주하지 말 것!"이다. 구슬이 서 말이라도 꿰어야 보배라는 말을 잊지 말자. 좋은 부동산은 투자를 해야 나에게 좋은 부동산이 된다.

또한 대한민국의 토지 면적은 인구 밀도에 비해 절대적으로 적은 편이고, 매우 한정돼있다. 새로운 간척 사업을 하지 않는 이상 무한정으로 새 주택을 지을 수 없다. 그러므로 주택 공급이 이어진다고 한들, 분명한 한계가 있다. 현재 존재하는 주택의 가치가 오를 수밖에 없는 근원적인 이유이기도 하다. 여전히 집을 가지지 못한 무주택자들이 많기에 수요는 존재하며 물가는 상승할 것이다. 그렇다면 부동산 시장도 당연히 그 흐름을 따라가게 돼있다. 30년을 한 세대로 산정했을 때, 부동산은 한 세대를 초월하여 수 세대간 꾸준히 가격 상승을 이뤄낸 시장이다. IMF를 비롯한 갖가지 국내 경제 변수가 존재했었음에도 불구하고 시장은 잠시 주춤할 뿐, 결과적으로는 꾸준히 가격을 올려갔다.

멈추지 않고 부동산 시장 비관론에 안주하지 않는 게 무엇보다도 중요하다. 그것만 지킨다면 투자자로서의 기본적인 자질을 갖춘 것이라고 볼 수 있겠다.

19.
시작이 초라하다고 결말이 초라한가

얼마 전 부동산 투자에 큰 성공을 한 사례가 기사화된 적이 있었다. 바로 유명 영화배우 '하정우'의 이야기이다. 하정우는 서울 강서구 화곡동 건물을 2018년에 매입했다. 당시 73억 3천만 원이었던 이 건물은 스타벅스 드라이브 스루 매장이 입점해있는 곳이기도 하다. 2021년 3월 하정우는 이 건물을 매각했는데 매각액이 무려 119억 원가량이었다고 한다. 3년 만에 45억 7천만 원 이상의 매각 차액을 거둔 셈이다.

단지 하정우만의 이야기는 아니다. 부동산 투자로 커다란 기쁨을 맛본 경우는 매우 많다. 그 가격은 때때로 45억 원 정도가 아닌, 100억을 초월하기도 한다. 우리에게 〈추노〉 작품으로 유명한 배우 장혁은 2015년에 강남구 논현동에 위치한 빌딩을 매입했다. 이 빌딩은 먹자골목 안에 위치해 있어 주요 상권으로 손꼽히는 지역이다. 이른바 '황금 상권'으로 불린다. 7호선 논현역과 9호선 신논현역 사이에 위치한 더블 역세권 빌딩으로 접근성마저도 매우 우수하다. 당시 매입액은 155억 원 수준이었다. 장혁은 이 건물로 얼마의 성공을 거뒀을까? 이 건물은 2020년 시세 기준으로 이미 300억 원을 돌파했다. 현시점에서는 더욱 시세가 상승했으리라고 예측된다. 즉 150억 원을 투자해 300억 원의 이득을 봤으니 2배의 이익을 본 것이고, 그 금액마저도 150억에 육박한다. 50억도 아닌 무려 150억.

1) 부동산의 꿈, 그 양면성

이와 같이 꿈같은 시세 상승은 당연 연예인들만의 이야기는 아니다. 부동산 투자를 통해 이른바 '건물주'가 됐다는 사람들은 높은 확률로 불로소득을 실현했다. 건물 투자 하나로 시세 차익은 물론이거니와 웬만한 월급쟁이들의 보수 몇 배를 받는 것이다. 이러한 사례들은 많은 사람들에게 이미 전파됐고, '부동산 드림'을 꿈꾸게 했다.

하지만 모두에게 이 꿈이 달달한 것은 절대 아니다. 오히려 누군가에게는 꽤나 가슴 아픈 '남 이야기'가 될 수 있다. 비교적 적은 금액으로 투자를 마음먹는 사람들에게 말이다. 보통 사람들이 하정우나 장혁처럼 어마어마한 시세 차익을 거두지 못하는 이유가 무엇일까? 간단하다. 처음부터 건물을 매입할 정도의 여력이 없었기 때문이다. 누군들 건물로 시세 차익을 만들고 싶지 않을까? 수중에 있는 모든 투자금을 끌어와도 매입할 수 있는 금액에 한계가 있다보니 처음부터 양질의 건물이나 주택을 사들일 수 없다. 투자도 시드머니가 있어야 하는 법, 소소하게 투자할 수밖에 없는 사람에게는 누군가의 큰 수확이 상처가 될 수도 있다.

보통 사람들에겐 시세 차익을 1억 이상 거두는 것도 쉬운 일이 아니다. 주택이나 아파트를 하나 매입해서 잭팟이 터지지 않는 이상, 오랜 시간을 관전해야 차익 단위가 n천만 원에서 n억 원이 되는 수익이다. 모두가 10억 원씩 들고와 1년 만에 2~3억씩 수익을 펑펑 내는 것이 절대 아니다. 그러다 보니 억대 수익을 이룬 사람들의 이야기가 오히려 투자 사기를 꺾는 결과를 초래하기도 한다. "나는 이 정도 투자론 절대 부자가 되지 못해." 사람들을 낙담하게 만들어 제자리에 머물러 있게끔 만든다.

2) 누구나 꼬마였던 시절이 있었다

태어날 때부터 어른으로 태어나는 사람은 없다. 누구나 어린아이를 거치기 마련이다. 부동산도 다르지 않다. born-to-be 부자가 아닌 이상, 대부분의 사람들은 억 단위가 아닌 천 단위 초기 자본으로 시작한다. 혹은 백 단위라는 적은 금액으로 시작할 수도 있다. 심지어는, 차익을 크게 얻지 못하고 초장부터 험난한 투자의 길을 걸은 케이스도 있다. 바로 내가 그러하다.

지금은 부동산 투자만 15년이 넘지만, 나도 어리숙했던 시절이 있었다. 때는 2014년 11월경이었다. 단기 차익을 노리기 위해서 빌라 매수를 엿보고 있었다. 내가 선택한 방법은 경매 입찰이었다. 경험이 그리 많은 편은 아니었지만, 그렇다고 아주 초보는 아니었기에 충분히 승산이 있을 거라 판단했다. 여기서부터가 나의 오만이었다. 임장도 하지 않고 무턱대고 입찰을 진행했다. 감정가 1억 1천만 원에서 2번 유찰 후 약 5,400만 원까지 떨어졌는데 단독 입찰을 받았다. 순간적으로 지나치게 저렴한 가격에 단독으로 기회를 거머쥐었으니 안심보다는 "무언가 잘못됐다!" 하는 불안감이 엄습했다.

등기 권리나 임차인 권리 하자를 조사해보았지만 다행히 해당 사항이 없었다. 대항력/인수 문제도 아니었다. 문제가 없는데 이상하다 싶었지만 일단 낙찰을 받았으니 물건지로 임장을 갔고, 주변 부동산을 탐색했다. 그 후에야 경매 감정가가 어딘가 잘못됐음을 깨닫게 됐다. 그야말로 업 계약이 판을 치는 동네였던 것이다. 실제 만났던 부동산 사장이 "4층을 5400만 원에? 비싸게 사셨네요~ 그거 안 팔려요~" 라며 내가 낙찰받은 물건에 회의적인 시선을 보냈다. 살펴보니 그럴만도 했다.

두 눈으로 직접 본 물건은 양호하지 못했다. 언덕에다 경사로까지 있어 지층이 1층처럼 튀어나와 있었다. 결국 나는 언덕 위에 있는 5층 같은 4층 빌라를 비싸게 산 셈이 됐다. 임장을 미리 갔었더라면 이런 실수는 범하지 않았을 텐데, 땅을 치고 후회했다. 결국 기존에 마음먹은 단기 차익은 접어놓기로 했다. 어떻게 해서든 수익을 만들기 위해 최소 2년은 돌려야 하는 상황이었다. 울며 겨자 먹기로 결국 수리를 감행한다. 수리라도 해서 입주자를 찾아야만 했다. 싱크대 막장부터 도배, 장판, 몰딩까지 하나하나 다 고치다 보니 비용 견적만 500만 원이 나왔다.

경락잔금대출을 활용하여 실투자는 3천만 원 선으로 맞췄다. 임대는 500/38 수준으로 진행했으며 어렵사리 4년을 버틴 후 매도에 성공했다. 다만 임대 중에 보일러가 터져 교체 비용이 들었고 아래층 누수까지 발생하여 소송이 이어지기도 했다. 누수의 경우, 누수탐지업체 3곳 모두에서 4층 누수는 없다고 했지만 3층이 4층 누수를 원인으로 삼아 수천만 원의 배상 청구 소송을 진행해 버렸다. 원고 일부 승소로 500만 원의 피해 보상을 해줘야만 했다. 아까운 돈이 나가버렸지만 수천만 원 배상보다는 좋은 결과이니 긍정적으로 생각하기로 했다.

3) "happy ending인 줄 알았는데."

이렇듯, 낙찰받을 때부터 어딘가 불안하고 찜찜했던 빌라는 소유 기간 내내 속을 많이 썩였다. 정이 가지 않는 게 당연했다. 매도 후에 두 번 다시 그 빌라를 생각도 하지 않을 거라 마음먹었는데 뜻밖의 결말이 있었다. 2020년, 전화가 한 통 왔다. 의문의 여자가 빌라 소유주 여부를 물었다. 더이상 내가 주인이 아닌 빌라이거니와 생각조차 하고 싶지 않은 녀석이라 당연 주인이 아니라고 말했다. 여자는 알겠다며 전화를 끊으려 했는데 쎄한 느낌에 호기심이 발동했다. "혹시 뭐 때문에 그러시죠?" 돌아오는 대답, "재개발하려고 동의서 받고 있습니다." 아뿔싸! 2019년에 매도하고 1년밖에 지나지 않았는데 재개발이 된다더라. 조금만 버텼으면 터질 잭팟이었다.

나는 경매에 자신 있어 하며 설쳤다가 질 나쁜 빌라를 비싸게 낙찰받았다. 그리고 여차저차하여 온갖 매도의 기술로 겨우 빌라를 팔았더니 순식간에 재개발 호재가 터져버렸다. 인생만사 새옹지마라넌가. 매도한 후 끝인 줄 알았는데 이런 소식으로 빌라를 다시 생각하게 될 줄은 꿈에도 몰랐다. 실로 허무할 수밖에 없는 경험이었다. 지금 와서 생각해보면 이때의 경험으로 나는 많은 것을 배울 수 있게 됐다.

15년이나 부동산 투자를 해본 나에게도 이러한 경험이 있는데 이제 막 투자를 시작하려는 사람들은 오죽할까? 그러니 처음 시작에 적은 돈밖에 없다면 오히려 안도해도 좋다. 미숙할 수밖에 없는 첫 투자에, 큰돈을 날릴 일은 없으니 말이다.

4) 작은 시작에 발품을 더하자

부동산 투자를 두려워할 필요는 없다. 나처럼 쓰라린 실패를 꼭 각오할 필요도 없다. 성실하게 '발품'을 판다면 말이다. 발품을 파는 행위가 얼마나 중요한지는 실제 사례를 통해 배울 수 있다. 일전에 경매 투자를 다니며 알게 된 지인이 있다. 긴 인연은 아니었지만 나에게 많은 교훈을 준 사람이다.

이 사람은 한 가지 또렷한 특징을 갖고 있었다. 매일 법원 경매 정보를 치열하게 훑고 입찰을 준비한다. 수많은 경매 정보를 습득한다. 머리로 수 없이 발품(노력)을 파는 것이다. 직접 모든 지역을 가진 못하지만 페이퍼를 누구보다도 성실하게 검토하던 사람이었다. 그렇다면 이 사람은 노력에 상응하는 낙찰을 받았는가? 그렇지 않다. 이 사람은 괜찮은 낙찰을 받은 적이 한 번도 없었다. 오죽하면 나는 그를 '들러리 마니아'라고 생각했다.

패찰을 2~3등도 아닌, 무려 5~10등 가격으로 써서 냈다. 실패한 후에는 언제나 "이번에도 안 됐네." 하는 머쓱한 웃음으로 마무리를 짓곤 했다. 내심 속으로는 '욕심이 있다면 낙찰가를 높이던가.'라고 그의 선택을 비판한 적도 있었다. 하지만 거듭된 경매에도 그는 좀처럼 유리한 낙찰가를 제시하지 않았다. 전국 경매장을 밥먹듯 드나들면서 말이다.

5) …이 짓을 언제까지? 라는 생각이 들 때까지

사실 경매 투자에 도전해본 사람이라면 알 것이다. 전국 경매장을 샅샅이 뒤져가며 찾아다니는 건 결코 쉬운 일이 아니다. 일단 매우 귀찮다. 또한 낙찰을 받아내지 못하고 실패만 거듭하다 보면 김이 빠지기 일수이다. 그냥 부동산 투자라면 일단 투자를 해버리고 기다리는 재미가 있지만 경매는 낙찰을 받아내지 못하면 모든 게 종료돼버린다. '내가 지금 헛수고를 하고 있다.'라는 생각이 퍼뜩 들 만도 하다. 하지만 그는 그렇지 않았다. 멘탈과 노력 하나는 인정해줘야 할 사람이었다.

오랜만에 전화가 왔다. 그가 그토록 바라던 소식이었다. "낙찰됐다!" 나는 궁금했다. 그간의 패턴을 살펴보면 그는 시간이 아무리 흘러도 낙찰 받지 못할 사람 같았기 때문이다. 그는 자신이 단독으로 낙찰을 받았다고 말했다. 어느 정도 수긍이 갔다. 단독 입찰이 아니고선 낙찰될 리 없는 가격을 이번에도 썼겠지~ 하고 생각했다. 운 좋게 단독으로 참여한 덕에 경매에 걸렸군! 하고 말이다.

6) 이게… 되네? 요즘에도… 되네?

그런데 낙찰가율이 낮아도 지나치게 낮았다. 그 정도 매물에 나오기 힘든 가격이었다. 한번 유찰돼 2차 경매건임에도 불구하고 단독응찰인 것도 신기했다. 나는 뒤늦게 전략을 깨달았다. 매일 전국 경매장을 오가며 들러리 역할을 했던 그였지만, 사실은 치열하게 갈고 닦아왔던 것이다. 많은 종목을 저가 입찰로 낙찰받는 방법을 이용했다. 물론 추천할 만한 전략은 아니다. 요즘같은 상승기에, 경매까지 이전보다 대중화돼 있는 상황이라 누가 봐도 무리수인 전략 같기 때문이다. 하지만 신기할 정도로, 꾸준히 나오는 성공법이기도 하다. 경매 입찰을 해본 적이 있다면 눈치 챘을 것이다. 의외로 들러리 낙찰가들이 상당하다는 점을 말이다.

결국 발품(노력) 팔아가며 많은 시간을 투자하여 '될 때까지 되게 한다'는 그의 전략은 빗나가지 않았고 한 방의 시원한 성공으로 마무리됐다. 아마 경매를 위해 그가 투자한 시간/비용보다 한 방의 성공으로 담보된 시세 차익이 더욱 클 것이다. 충분히 써먹을 만한 전략이었다. 다만 한두 달 시도해보고 말 생각이라면 안 된다. 꾸준함과 노력이 더해져야만 빛이 나는 방법이다. 이처럼 부동산 시장에서도 '하늘은 스스로 노력하는 자를 돕는다'라는 진리가 통한다.

그를 통해서 나도 깨달은 것이 많았다. 이런 식으로도 성공을 거둘 수 있단 걸 보고 머뭇거릴 이유는 없었다. 그 후 나는 이 경험을 바탕으로 경매와 부동산에 발품을 팔며, 포기하지 않고 투자를 이어갔다.

2020 타경 2492   의정부지방법원 고양4계
담당계 (031) 920-6341

소재지	경기 고양시 일산서구 탄현동 1640 일산두산위브더제니스 101동 12층 1204호		
물건종류	아파트	사건접수	2020.03.04
건물면적	120.48㎡ (36.45평)	소유자	
대지권	21.75㎡ (6.58평)	채무자	
매각물건	건물전부, 토지전부	채권자	삼성화재보험

입찰 진행 내용

구분	입찰기일	최저매각가격	상태
1차	2020-11-11	823,000,000	유찰
입찰변경	2020-12-16	576,100,000	변경
2차	2021-02-03	576,100,000	낙찰

낙찰 741,444,000원 (90%)
(응찰 : 1명) / 낙찰자 : 김○○
매각결정기일 : 2021.02.10

평소에 일산두산위브더제니스 경매에 관심이 많다. 물량이 상대적으로 많았던 편이라 저가 입찰이 가능할 거라 예측했다. 또한 해당 물건이

50층 이상인 점도 매력적이었다. 저층의 경우 선호도가 낮기 때문이다.

  물론 낙찰자는 높은 가격에 입찰을 했다. 하지만 입찰가를 이제 와서 따지는 것은 의미가 없으므로 참고하기만 해두자. 아무튼 경매를 진행할 때, '단독'이라는 말에 다른 사람들은 놀랐을 것이다. 초반에는 "아, 권리분석에 실패했나 보다!" 할 것이고, 후반에는 "아! 5억 후반으로 쓸걸!" 하고 후회했을 것이다. 결국은 경쟁력 있는 가격으로 뚝심 있게 저가 응찰 전략을 쓰는 낙찰자였다면 높은 수익을 맛봤을 거란 뜻이다.

7) 궂은 날씨에도 불구하고 발품을 판다면

  나는 과거의 일화를 떠올렸다. 꾸준함이 중요한 가치인 줄 몰랐을 때, 번거롭다는 이유만으로 손을 놔버린 경매들이 많았다. 비오는 날, 눈 쌓인 날 법원에 가본 적이 있는가? 날씨 영향 때문에 참가자가 현저히 줄어든다. 낙찰가율과 경쟁률은 당연 확 떨어진다. 지방의 경우는 더 말할 것도 없다. 발품을 파는 게 중요한 걸 알면서도 "날씨가 안 좋으니까 쉬자" 하는 마음으로 선뜻 나서지 않게 된다. 나 역시도 마찬가지였다.

  하지만 반전이 있다. 내가 경매를 포기한 날, 오후에 1등 낙찰가가 내가 적으려던 입찰가보다 적은 경우가 있었다. 내가 만약 그날, 궂은 날씨임에도 뚝심있게 경매에 참가했었더라면 그 물건들은 내 것이 됐을 것이다. 지금은 상당히 반성하는 일화 중에 하나이다.

그러니 여러분들은 지금부터라도 열심히 발품을 팔아 좋은 투자자의 초석을 닦길 바란다. 특히 경매 투자는 거액으로 시작할 필요가 없다. 필자는 오히려 경매는 소액으로 시작해보라는 조언을 남기고 싶다. 물론, 경제적 여유가 넘친다면, 고액으로 시작하는 것이 좋기는 하다. 큰 수익으로 귀결되는 일이니까. 하지만 경매는 실제 응찰을 해보고, 낙찰이 되거나 혹은 유찰이 되거나 하면서 실전 경험을 쌓는 게 중요하다. 터무니없는 금액으로 떨어지더라도 그 실패 자체가 '감'을 익히는 데 도움이 된다. 내가 써내려간 금액과 실제 낙찰가액 사이에 얼마나 많은 차이가 있는지. 현장에 참가한 사람들의 분위기는 어땠으며 지방은 수도권 경매와 비교하여 금액에 어떤 차이가 있는지 모든 것들이 다 경험으로 쌓을 수 있는 지식이다. 그러므로 수중에 돈이 얼마나 있는지는 크게 중요하지 않다. 당신이 초보 입장이라면 말이다.

8) 10만 원밖에 vs 10만 원을 갖고

거듭 강조하지만 투자는 결단이고 용기다. 수중에 10만 원밖에 없는가? 성공할 배포를 가진 투자자는 "10만 원밖에 없다"며 본인의 종잣돈을 원망하지 않는다. 10만 원을 가지고선 무엇에 투자할 수 있을지를 찾는다. 글로벌 투자 Top1. 투자 귀재 워렌 버핏 역시 그의 첫 투자는 수억 원 단위가 아니었다. 1만 달러, 우리 돈으로 약 1천만 원가량이 워렌 버핏의 첫 투자였다. 학생 신분이었을 그가 가진 전 재산이었으리라. 버핏은 이후 투자 상품으로 50%의 수익을 거둬들이게 되고, 더 큰 투자를 적극적으로 시도하게 된다. 엄청난 대부호를 만들어준 돈은 10억도, 1억도 아닌 '1천만 원'이었다.

아울러 소액으로 투자를 시작하는 분들에겐 경매 공부를 먼저 권하고 싶다. 왜냐면 경매는 부동산을 시세보다 저렴하게 매입할 수 있는 통로이기 때문이다. 이 말을 반대로 생각해보면, 시장가로 매입하는 것보다 리스크가 크다는 것을 의미하기도 한다. 하지만 투자금이 부족한 소액 투자자라면 이러한 비대칭적 기회 요소를 놓쳐서는 안 된다. 기회를 활용하되 리스크를 줄이기 위해서는 공부를 해야 한다. 경매의 권리 분석이나 입지 분석은 숙련도가 쌓이지 않을 경우 정보 부족으로 실수할 가능성이 크고, 경매에는 소위 '특수 물건'이라는 것이 존재하며, 가장(허위) 임차인도 존재하므로 실력이 쌓일 때까지는 충분히 공부하고, 필요하다면 다른 멘토들에게 실전 경매를 배워보는 것이 좋다. 그렇게 지식과 경험이 쌓이고 준비가 됐다고 판단하면, 그때가 시작이다. 그때는 지식과 경험을 무기로 과감하게 경매의 전장에 참여하는 것을 권한다.

9) 나의 이야기

마지막으로 나의 실제 투자 경험담을 말해주고자 한다. 현장에만 가면 이상하게 설레던 초보 시절의 나, 때는 2008년 1월 매우 추운 겨울이었다. 이 시기를 기점으로, 나는 2~3년 전 실투 900만 원을 이용한 첫 번째 투자를 진행한 상태였다. 1천만 원도 되지 않는 돈이었기에 투자를 시작하기엔 시기상조라고 생각할지도 모른다. 그러나 나는 적은 금액으로도 투자 경험을 익혀보고 싶었기에 대전의 짜투리 빌라를 매입했다. 거기서 매달 30만 원의 수익이 생겼고 이를 열심히 모아 두 번째 투자의 초석을 닦았다.

두 번째 빌라를 투자할 때는 경제적 여건이 풍족하지 못했다. 그래서 여기저기 돈을 빌렸다. 신용이 저당 잡히기도 했다. 나는 흙수저 of 흙수저였기에 아파트 분양권이나 재개발 등을 배우지 못했다. 그래서 기초 지식이 부족한 상태로 초보 투자자의 길을 걸었다. 아파트에 먼저 투자했다면 좋았겠지만, 살아온 환경 탓에 첫 투자도 빌라, 두 번째 투자 목표도 빌라였다.

10) 나 곧 부자 되는 거 아냐? 다주택자의 환상

다행히 눈으로 살펴본 빌라의 상태는 나쁘지 않았다. 부동산 중개업자도 우수한 물건이라며, 당시 신축 1억을 넘어가는 빌라 인기를 감안하라며 칭찬했다. 당시 첫 번째 투자로 매달 30만 원이 들어오고 있다는 사실에 나는 크게 자만했다. 이제 두 번째 빌라까지 매입하면 꿈에 그리던 '다주택자'가 되는 거니까. 부자가 되는 길은 머지않았다고 생각했다.

하지만 그건 내 착각이었다. 대전 지역의 빌라를 매수해도 난 부자가 되지 않았다. 어째서 다주택자가 됐는데도 남들처럼 떵떵거리며 살지 못하는 걸까? 심지어는, 내가 가진 빌라를 모두 다 팔아도 서울 아파트 한

채를 살 수 없었다. 그때서야 "쩍다리 빌라 말고 아파트 분양권이나 살걸!" 하며 나의 어리석은 투자를 후회하기도 했다. 갖고 싶었던 아파트 매물을 보며, "가진 재산을 모두 팔고 영끌했으면 살 수 있었을 텐네." 속앓이를 하기도 했다. 5년이라는 시간이 흘렀지만 수익형 상품들이 내가 가진 재산의 전부였다. 경매도 수익형 위주로만 낙찰 받았다. 차익형과 수익형 비율 중 수익형이 절대적이었다.

즉, 시세 상승을 누리지 못하는 상품들이었으므로 나의 부는 크게 늘어나지 않았다. 매달 들어오는 돈이 쌓여도, 아파트 가격과는 점점 멀어질 뿐이었다. 나는 "투자가 잘못됐다!"라는 자기 반성을 했지만 이미 때는 늦어있었다. 빌라 투자가 내 인생 최악의 결정이라고 생각하게 됐다. 그렇게, 스스로의 선택을 후회하던 초보 투자자는 소액으로 시작한 본인의 선택을 원망하고 또 원망했다.

그러나 노력은 배신하지 않는 법. 나는 기어코 대박을 낚았다. 워낙 빌라 매매를 많이 진행해서 몇 번째 녀석인지는 기억나지 않지만 아마도 5번째 매매 대상이었다. 이 빌라가 재개발지로 묶이게 된 것이다! 또한 경매를 통해 수도권 재개발지 3곳을 낙찰받았고, 그렇게 투자를 반복하며 내 실력과 부는 쌓여갔다. 어느덧 분양권, 입주권, 재개발지, 상가, 빌라, 땅, 아파트까지 가진 전업 투자자가 됐다. 내 노력이 비록 더디게 나를 성장시켰을지언정, 분명 나는 자라고 있었다. 그러면서 능숙한 투자자의 모습을 갖추게 됐다.

만약 내가 그때, 900만 원으로 영끌해서 아파트 한 채에 투자했더라면 지금의 경험을 쌓을 수 있었을까. 물론 시세 차익으로 돈은 더 벌었을지 모르지만 경매장을 전전하며 인사이트를 늘리는 경험을 하고, 실패를 통해 배우는 경험은 쌓지 못했을 것이다. 오히려 좋은 아파트 한 채로 재산 증식이 끝났을지 모른다. 인생은 멀리서 보면 희극이고 가까이서 보면 비극이라는 말도 있지 않은가. 내 투자는 실패라고 믿었던 현실도 쌓이고 쌓여, 멋있게 포장할 수 있는 과거가 됐다.

그러니 가진 돈이 적다고 투자를 포기하지 말라. 나를 여기까지 오게 한 것은 썩다리 빌라 한 채였다. 나는 그 작은 자산으로 인생이 바뀌었다. 당신도 할 수 있다. 다만, 발품을 꾸준히 팔아야 하고 수년이 걸리는 노력을 해야 할 뿐이다. 그 각오만 돼 있다면 누구든지 할 수 있다.

대한민국
부동산,

성공투자
지침서!

나가며

수익은 노력으로 만들어진다

우리는 이 단락에 이르기까지 왜 주택이어야 하는지부터 수많은 부동산 투자 사례와 시장 동향, 투자에 임하는 자세에 대한 이야기까지 같이 살펴보았다.

결론적으로 말하고 싶은 건 수익은 노력으로 만들어진다는 것이다. 여기서 말하는 노력에는 발품이란 의미가 있다. 나는 지금까지 '투자를 하고 싶어도 돈이 없다.' 혹은 '시간이 없다.' 하는 사람들을 많이 보았다. 위에도 썼다시피 돈이나 시간은 분명 필요한 요소지만 없다고 투자를 못 하지는 않는다. 워렌 버핏의 투자가 1,000만 원으로 시작된 것처럼. 노력으로 수익을 만들다 보면 그 노력은 어느새 실력이 된다.

이는 내가 실력이 매우 훌륭하고 높은 경지에 있어서 쓰는 말이 아니다. 그럼에도 이런 글을 쓸 수 있는 건 '수익은 노력으로 만들어진다.' 이

명제가 입증되는 시간을 걸어왔고, 그 안에서 노력이 실력이 되는 사례를 무수히 목도했기 때문이다.

 부동산 투자를 하며 발품을 팔수록 가격이 저렴해지는 걸 많이 볼 수 있다. 투자에도 노력이 필요한 이유다. 위에 쓴 '들러리 마니아' 지인 사례가 노력으로 수익을 만든 전형적인 케이스다. 매일 경매장을 오가고 들러리를 서면서 많은 종목을 저가 입찰로 낙찰 받는 전략을 쓴 것이다. 어쩌면 독자들은 여기서 '요즘 같이 경매가 대중화된 상승기에 이런 전략이 가능성이 있나?' 생각할지도 모른다. 그러나 경매 입찰을 해 본 사람이라면 안다. 들러리 낙찰가들이 은근히 많다. '꾸준함'은 시기 상관없이 언제나 통한다.

 꾸준함과 노력은 절대 배반하지 않는다. 그 결실이 늦게 나올지언정 실패하지는 않는다. 경매만 봐도 확실히 꾸준한 노력파가 낙찰 확률이 높다.

 한 번 상상해보라. 나는 오늘 경매에 참여하기 위해 법원을 가기로 했다. 그런데 아침에 일어나니 먹구름 무겁게 낀 하늘에서 요란한 소리가 나며 비가 내리고 있다. 하필 오늘 가는 법원은 지방에 있다. 쏟아지는 빗물 사이로 운전할 생각을 하니 벌써부터 어깨가 뻐근하다. 어떤 결정을 내릴 것 같은가? '에이, 오늘은 쉬어야겠다. 오늘만 날인가.' 생각하는 게 쉬울까, 그 빗줄기를 뚫고 지방으로 향하는 게 쉬울까?

어느 게 쉬운지는 위에서 이미 말한 바 있다. 많은 사람들이 날씨나 상황을 이유로 입찰을 포기한다. 나 역시도 그랬고, 그래서 여러 기회를 놓쳤다.

기회는 언제나 제자리에서 당신을 기다리고 있다. 노력으로 거기까지 다다르는 건 당신이 해야 할 몫이다. 어쩌다 기회를 놓쳐도, 내 생각보다 조금 느려도 꾸준히 하다 보면 당신도 어느새 성공한 부동산 투자자 자리에 서 있을 것이다. 내가 그랬고, 내 주변의 많은 사람이 그랬다. 누구에게나 처음은 있다. 처음을 성공으로 이끄는 건 노력이다. 꾸준하고 성실하게 투자에 대해 공부하고 발품을 파는 그런 노력. 노력은 배반하지 않는다. 수익은 노력으로 만들어진다.